INTRODUCTION

A L'ÉTUDE PHILOSOPHIQUE

DU DROIT.

[1]

INTRODUCTION

A L'ÉTUDE PHILOSOPHIQUE

DU DROIT,

PRÉCÉDÉE

D'UN DISCOURS

*Sur les Causes de la stagnation de la Science
du Droit en France;*

Par A. J. LHERBETTE,

DOCTEUR EN DROIT.

PARIS,

P. WARÉE ONCLE, Libraire de la Cour royale, au
Palais de Justice ;

LELOIRE, Libraire, place du Panthéon ;

DELAUNAY, Palais-Royal, galerie de Bois, N° 69.

1819.

DISCOURS PRÉLIMINAIRE.

On ne peut s'occuper d'aucune partie d'une science sans éprouver à chaque instant le besoin de remonter à des considérations d'ensemble, de s'appuyer sur des lois qui gouvernent la totalité, de posséder les divisions, d'être pénétré de leurs causes.

M'adonnant au Droit, j'ai voulu en conséquence fixer mes idées sur les divisions qui en sont admises, sur les sources et sur les règles fondamentales du Droit en général, sur celles du juste et de l'injuste, sur celles de la partie raisonnée de la morale ou, en d'autres termes, de la morale de raisonnement, dont tout droit ne doit jamais être qu'une émanation plus ou moins modifiée.

J'offre ici les résultats auxquels je suis parvenu et les raisonnemens qui

m'y ont conduit. Ayant pour but
moins de faire adopter mon avis que
de chercher la vérité, j'expose, partout
où je le crois utile, les raisons de douter
comme celles de décider; je délibère,
je pense, pour ainsi dire, tout haut.

Les réflexions dont se compose cet
ouvrage ne doivent pas être considérées
comme un traité complet sur les principes du Droit, mais seulement, ainsi
que je l'ai annoncé dans le titre, comme
une introduction à l'étude de ces principes. Je laisse à des mains plus habiles
le soin d'élever un édifice pour la construction duquel je me contente de disposer quelques matériaux.

Mais avant d'entreprendre des travaux sur les bases d'une science, il
faut connaître l'état où elle se trouve
dans les temps et dans les lieux où l'on
écrit et les causes de cet état.

L'état actuel de la science du Droit
en France est malheureusement trop
évident pour ne pas être découvert au

premier coup-d'œil, pour ne pas laisser apercevoir au premier examen qu'elle est vraiment arriérée de plusieurs siècles, qu'elle est restée seule stationnaire lorsque les autres ont pris une marche philosophique et se sont avancées à grands pas, dégagées des entraves de la routine.

Les causes de cet état de stagnation sont peut-être plus cachées ; leur recherche fera le sujet de ce discours préliminaire.

Je crois qu'elles doivent être distinguées en deux genres, et qu'elles existent, les premières dans la nature de la science même, et les secondes dans la manière dont la cultivent le plus grand nombre de ceux qui s'en occupent.

CAUSES DU PREMIER GENRE.

Celles qui existent dans la nature de la science.

Elles sont ou générales pour tous

les pays, ou particulières pour quelques-uns.

1.º *Causes générales.*

Il me semble qu'on en peut compter quatre.

PREMIÈRE. — *Manque de rapport de cette science avec d'autres.*

La première est le manque de rapport de cette science avec d'autres.

Rien n'accélère plus les progrès des sciences, que les points de contact qu'elles ont ensemble : d'abord, elles se prêtent mutuellement des secours réels, en ce que l'on voit dans une seconde confirmé et à l'état de développement ce qui n'avait pu être qu'entrevu dans une première à l'état de rudiment ; ensuite, ces points de contact variés forcent à envisager chaque partie sous toutes ses faces, à réunir les principes d'une science avec ceux des autres, enfin à coordonner, à généraliser les idées.

Il n'est pas besoin de dire que cette tendance à la généralisation n'est cependant utile que quand les sciences ont déjà atteint un certain degré, lorsqu'elles ont amassé beaucoup de matériaux, qu'elles les ont long-tems examinés, qu'il ne s'agit que de les disposer et de faire des méthodes postérieurement à la connaissance des faits, des méthodes *à posteriori* : mais qu'elle est très-nuisible lorsqu'on s'y livre trop tôt, lorsqu'on cherche à établir des rapports entre des choses avant d'avoir étudié la nature de ces choses, lorsque, comme le disait Condillac au sujet de la métaphysique, « Au lieu d'observer ce qu'on desire connaître, on veut l'imaginer ». Lorsqu'on crée des systêmes *à priori*, qui font dénaturer ensuite les faits, ou ne permettent de les envisager qu'avec prévention, avec des verres colorés. C'est à cette tendance à la généralisation dans les idées que les sciences ont dû leurs progrès de nos jours , comme c'était à elle qu'elles avaient dû leur stagnation pendant plusieurs siècles : après s'y être abandonné de trop bonne heure , il a fallu la quitter et , au lieu de n'avoir qu'à apprendre ce qu'on ne savait pas , on a eu en outre , ce qui est beaucoup plus difficile , à oublier ce qu'on savait mal. Mais cet inconvénient ne peut être donné comme une objection réelle ; car toutes choses , même des meilleures , nuisent quand on les emploie hors de propos : et quel que soit le danger de la généralisation dans ce dernier cas , il n'en reste pas moins sûr que c'est seulement au moyen d'elle qu'une science est science , et que sans elle on ne peut y voir qu'une collection de matériaux. Cette réflexion s'applique et aux sciences métaphysiques où les idées générales doivent être regardées comme des vérités immuables; et aux sciences physiques où elles ne doivent l'être que comme des aides pour l'étude, comme des guides pour les classifications, comme des règles justes pour ce qu'on connaît, mais incertaines pour ce qui reste à connaître, comme des principes auxquels de nouvelles découvertes en feront peut-être substituer d'autres ; enfin, s'il est permis de se servir de cette expression, comme des vérités d'attente.

Cette facilité, et même cette obligation, de généraliser ses idées ont lieu dans la plupart des sciences.

Dans les sciences métaphysiques proprement dites, j'ajoute ces derniers mots parce que chaque science a sa métaphysique, il est presqu'impossible de traiter une question de l'une d'elles, sans tirer des autres du même ordre une partie de ses raisonnemens, sans aborder même quelquefois les sciences physiques.

Quant à ces dernières, comme elles ne forment réellement qu'un seul tout, au point qu'on ne peut souvent préciser où chacune commence, où chacune s'arrête, il est indispensable, pour en bien posséder une, d'acquérir préalablement des connaissances assez vastes dans toutes, et d'entretenir journellement ces connaissances, parce que de nouveaux faits demandent toujours de nouvelles études.

A la vérité, plus les sciences avancent, plus il devient nécessaire de les subdiviser et de s'attacher chacun plus particulièrement à l'une d'elles ; mais s'il faut savoir se borner pour pénétrer dans les détails, il faut savoir s'étendre pour embrasser les généralités, il faut savoir s'élever pour dominer son sujet, pour discerner comment ce qui est idée principale dans une partie isolée, n'est qu'idée accessoire dans le tout, comment la branche qu'on cultive s'incorpore au tronc, comment elle n'est qu'une portion de la science générale ; autrement, si on veut la considérer comme un tout indépendant , on n'aura jamais sur elle que des idées rétrécies et erronées.

Ainsi, ceux qui se livreront aux sciences dont il vient d'être parlé en verront plusieurs à la fois , passeront souvent de l'une à l'autre , et travailleront habituellement tantôt en grand , tantôt en détail, et sur différents objets.

Or cette diversité dans les travaux donne à l'esprit plus d'étendue , plus de moyens , plus de sûreté , et le forment à une marche philosophique.

C'est, je n'en doute pas , au sentiment de cette vérité qu'on dût la création de l'Ecole Polytechnique , et c'est à la multiplicité des études qui s'y faisaient qu'on dût l'avantage de trouver parmi les élèves sortis de cette Ecole , un grand nombre d'hommes supérieurs dans les sciences auxquelles ils s'adonnaient ensuite spécialement.

Mais en est-il de la science du Droit

comme de celles dont il a été question plus haut ?

Sans contredit , pour déterminer ce qui doit être en thèse générale dans tous les pays , il faudra remonter à la morale et à la métaphysique ; ce qui doit être en thèse particulière dans certaines régions , il faudra s'aider de l'histoire et de la géographie physique. Alors le Droit aura des rapports avec d'autres sciences; mais ces études variées ne sont pas habituellement commandées par la nécessité; on a à s'occuper rarement de ce qui doit être décidé, et presque toujours de ce qui est une fois décidé ; rarement du Droit général, et presque toujours d'un Droit spécial : on n'a pas à faire la recherche des meilleures bases à établir , il suffit de savoir celle que la loi a adoptée; bonne ou mauvaise , il faut la reconnaître telle qu'elle est. L'attention ordinaire n'a donc plus à se porter sur des dispositions particulières ; et lorsque dans les autres sciences chaque pas mène à des généralités , dans celle d'un Droit positif chaque pas conduit au contraire à des spécialités ; lorsque les autres agrandissent l'esprit , celle-ci le rétrécit.

Aussi remarque-t-on que la plupart des jurisconsultes ne savent que le Droit , quand ils le savent encore , que souvent même les plus instruits restent sur tout le surplus des connaissances humaines dans une ignorance vraiment condamnable , et que , leur appliquant l'expression de Fontenelle, s'ils sont quelquefois des grands hommes d'un côté , ils ne sont des autres que de grands enfants. N'apercevant pas de point de rapports directs entre leur science et les autres , ils croiraient perdre leur tems s'ils s'occupaient tant soit peu de ces dernières. Ne sentent-ils donc pas de quelle utilité elles leur deviendraient indirectement? Ne sentent-ils donc pas et l'avantage que l'esprit retire de l'habitude de traiter différens sujets et le secours que toutes les sciences, même celles qui paraissent le plus éloignées, se prêtent mutuellement ? Ne voient-ils donc pas qu'elles sont toutes unies par une chaîne ou mieux qu'elles sont toutes, comme le disait Bacon, des rameaux d'une même tige ? N'ont-ils donc jamais compris la philosophie, la beauté de ce mot de d'Alembert, si bien placé dans la préface encyclopédique. « L'univers pour qui pourrait l'em-« brasser d'un seul point de vue, ne « serait qu'un fait unique, une grande « vérité? »

DEUXIÈME. — *Fausseté que l'étude d'un Droit positif donne au jugement.*

L'incertitude où l'on est souvent de l'intention du Législateur accoutume à soutenir le pour et le contre ; et si elle a l'effet de procurer à l'esprit plus de facilité pour la discussion, elle a aussi celui de lui laisser moins de rectitude pour la décision.

TROISIÈME. — *Le peu d'attrait que présente cette science.*

Ceux qui s'adonnent aux sciences sans aucune vue d'intérêt, uniquement par amour pour elles, c'est-à-dire, le plus souvent ceux qui leur font faire des progrès, seront naturellement en plus petit nombre dans celle-ci que dans d'autres ; l'homme dont l'esprit éprouve le besoin de savoir préférera en général les sciences qui lui montreront toujours ce qui est, ou du moins ce qu'on croit être, plutôt que celles qui le ramèneront toujours à ce dont on est convenu, et se tournera ou vers les sciences métaphysiques, qui, si elles n'offrent que des fruits tardifs et incertains, ouvrent du moins un champ vaste à l'imagination, ou vers les sciences physiques, qui à une aussi grande étendue et à une plus grande certitude joignent l'agrément de donner des résultats dès les premiers pas dans la carrière; car s'il faut pour toutes les sciences de longs travaux pour les bien posséder, pour en avoir l'esprit; si on ne l'acquiert que long-tems après en avoir acquis le matériel; si on ne connaît bien une science non seulement qu'après l'avoir long-tems étudiée, mais aussi que long-tems après l'avoir étudiée, digérée; du moins a-t-on dans les sciences physiques quelques jouissances dès les premiers instans, tandis que dans le Droit il faut savoir beaucoup avant que de rien savoir. Il suffit d'une expérience physique pour faire voir un et souvent plusieurs phénomènes, d'une analyse chimique pour montrer la nature de plusieurs corps, d'une dissection anatomique pour apprendre la structure d'un organe, d'une explication physiologique pour en indiquer les fonctions, etc.; mais en Droit comment entendrait-on des parties détachées? On aura beaucoup à marcher dans l'obscurité avant que les yeux aperçoivent la lumière. Un esprit avide d'instruction ne s'attachera donc à l'étude du Droit que s'il y est porté par quelque circonstance particulière.

QUATRIÈME. — *Défaut de protection de la part des Gouvernans.*

Une quatrième et dernière cause générale se rencontre dans le défaut de protection et souvent dans les obstacles que cette science éprouve de la part des Gouvernans, lors même qu'ils favorisent les autres.

Les Gouvernans ont pour but, non de faire chercher quelles sont les meilleures lois, mais de faire exécuter les leurs telles qu'elles sont : ils desirent en conséquence non des jurisconsultes qui travaillent sur l'essence des lois, mais des légistes qui en appliquent les dispositions. Regardant comme dangereux de laisser approfondir les sources et les principes des institutions, croyant à tort ou à raison voir dans l'exposé de ce qui devrait être la critique de ce qui est, voulant en conséquence éloigner les esprits de toutes questions politiques, ils sont loin d'encourager la seule manière de bien traiter le Droit, celle des généralités dans lesquelles le Droit civil vient se fondre avec le Droit politique; car les deux se tiennent étroitement, le second n'est même qu'une conséquence, un appui du premier, et il est impossible de bien étudier l'un sans s'occuper souvent de l'autre.

2.° *Causes particulières.*

Manque de stabilité et Manque d'uniformité de nos Lois.

Entrant maintenant dans les causes de stagnation qui nous sont particulières, ainsi qu'à beaucoup d'autres peuples , j'en vois deux principales , le manque de stabilité et le manque d'uniformité de nos lois , suites nécessaires de nos variations politiques ; car s'il est peu d'états où le Gouvernement ait moins changé en nom , puisque pendant près de XIV siècles , depuis 420 jusqu'en 1792 , il fut toujours appelé monarchique , il n'en est peut-être pas où il ait plus changé en fait.

Il sort de mon sujet d'indiquer toutes nos variations politiques et législatives ; je me contenterai d'en tracer un tableau rapide , et dont la vérité se trouvera confirmée par la plupart de nos historiens et publicistes , par Mably surtout qui me fournira les principaux traits de quelques parties ; et l'on peut consulter , pour la variation de la vérification de la plupart des faits les compilations de *Baluze* , la collection dite des *Historiens de France* et celle des *Ordonnances du Louvre*.

TABLEAU

DE NOS VARIATIONS POLITIQUES.

Je diviserais volontiers notre histoire en neuf périodes.

1.º *Passage d'un Gouvernement presque républicain à un presque despotique*, lorsqu'après avoir mené une vie errante qui demandait nécessairement de la liberté, des réunions fréquentes pour se concerter sur les expéditions, des chefs et non des maîtres, les Francs se furent établis dans les Gaules, où leurs habitudes plus sédentaires, la séparation plus grande de leurs demeures diminuèrent leurs relations, éloignèrent d'abord et firent enfin cesser leurs *parlemens* ou assemblées générales, convoquées et tenues suivant les formes des Germains, leurs pères, décrites par Tacite *Lib. de Situ et moribus German., var.* 7, 11, 12, et tendirent par conséquent à concentrer toute l'autorité entre les mains d'un petit nombre d'entr'eux investis d'abord de la seule puissance exécutive, entre les mains du **Prince** et des gens de son Conseil, où plutôt entre celles du **Prince** seul, qui, pour être absolu, n'avait besoin que de gagner quelques grands en les tenant toutefois sous sa dépendance, ce qui lui était facile au moyen des *bénéfices* ou *fics*, abandonnés avec la réserve de pouvoir lés reprendre à volonté.

2°. *Passage à un Gouvernement presqu'aristocratique*, lorsque, fatigués de l'incertitude qui résultait pour eux de ces reprises de bénéfices, les grands en firent déclarer l'irrévocabilité, d'où naquit la noblesse héréditaire et l'union de familles dont les membres formèrent un corps puissant, intermédiaire entre le monarque et le peuple.

3. *Passage à un autre encore despotique*, lorsque, divisés entr'eux, ne se méfiant que du prince qui avait le titre de leur chef et non de celui d'en-

tr'eux qui en avait la puissance, les grands laissèrent arriver le règne des Maires, qui, de simples officiers du palais, devinrent, surtout les trois derniers, les maîtres du roi, des grands et de la nation entière.

4.º *Passage à un état de représentation nationale*, lorsqu'après des Gouvernans qui ne s'étaient occupés que de leur pouvoir, parût Charlemagne qui s'occupa surtout du bonheur de son peuple, qui, guerrier intrépide, politique profond, législateur sage, génie au-dessus de son siècle et des siècles suivans, réunit tant de hautes qualités dont une seule eût suffi pour faire un grand homme et brilla un instant dans des âges de ténèbres, comme un météore lumineux dans une nuit profonde ; à qui la flatterie put trouver des égaux, mais n'osa trouver de supérieurs ; à qui l'histoire doit, non pas une place éminente, mais une place séparée ; lorsque ce héros, cherchant dans l'ascendant que lui donnaient ses victoires un moyen de créer la liberté quand tant d'autres n'y cherchent qu'un moyen de l'anéantir, dédaigna de dicter des ordres arbitraires et consentit à donner et même à laisser donner avec lui des lois fixes dont il était le premier observateur, à associer le peuple à la confection de toutes, ne se réservant pas même le droit de faire grâce, probablement parce qu'il le regardait comme presque synonime de celui d'exempter de la loi et par conséquent de se mettre au-dessus d'elle; lorsqu'au lieu de convoquer tous les Francs, comme cela avait eu lieu jusque sous les premiers successeurs de Clovis, pendant les règnes desquels le droit de se rendre aux assemblées appartenait à tout homme vivant sous la loi Salique ou sous la loi Ripuaire, Charlemagne, que la population et l'étendue plus grandes du pays empêchaient, d'ailleurs de songer à ce genre d'assemblées, en voulut de moins nombreuses , mais plus nationales , en ce qu'il n'existait pas de distinction entre des hommes libres et d'autres , tous étant libres sous Charlemagne ; lorsqu'à celles où Pepin n'avait admis que les chefs de la Noblesse et du Clergé, il admit les députés du peuple , dont il calcula les droits quand on n'en calculait auparavant que le produit , et dont les membres se virent considérés comme des hommes, quand jusqu'alors ils l'avaient été, pour ainsi dire , comme des choses ; lorsqu'enfin ce Monarque - citoyen fit éclore au sein de la barbarie , le beau phénomène d'une représentation nationale des trois corps , car si le Tiers-Etat n'était pas encore désigné de nom il l'était bien de fait , représentation qui ne devait être surpassée que dix siècles plus tard , quand dans des assemblées on cesserait de voir des représentans différens de trois corps inégaux , pour n'y voir plus que des représentans semblables d'un corps unique, du corps social.

5.º *Passage au régime féodal*, à ce gouvernement composé d'une multitude de tyrans nés de l'anarchie, lorsqu'avec Charlemagne périt l'effet de ses institutions que la durée de son règne n'avait pas suffi pour consolider; lorsqu'avec lui cessèrent les assemblées nationales; lorsque la faiblesse de Louis-le-Débonnaire et les divisions qui partagèrent ses fils, laissèrent naître l'indépendance des grands, qu'augmenta Charles II en rendant héréditaires les *fiefs*, qui depuis leur création par Charles Martel n'étaient qu'à vie, et en n'assujettissant plus qu'à la simple cérémonie de *foi et hommage* ces bénéfices qui entraînaient autrefois des services militaires et domestiques.

6.º *Passage au despotisme*, commencé par plusieurs rois, achevé par Richelieu, confirmé par Louis XIV, lorsqu'après plusieurs siècles où l'his-

toire n'offre presque toujours que l'i-
mage révoltante des tyrans se disputant
les dépouilles d'une masse d'esclaves,
l'on arrive à ces XIV, XV et XVIme
siècles, dont les découvertes serviront
à achever la destruction du régime
féodal, ébranlé par les Croisades et
par l'établissement des Communes, à
ces siècles où les inventions presque
simultanées de l'Imprimerie, de la
Boussole et de la Poudre vont répandre
dans le peuple les lumières, la richesse
et la force, où tout va concourir à
abaisser la classe supérieure, distinguée
par les noms de Noblesse et de Clergé,
à élever la classe inférieure désignée
sous celui du Tiers-État, sinon à égaliser
du moins à rapprocher toutes les conditions; à ces siècles renfermant dans
leur sein les germes de deux grandes
révolutions; la première, celle par laquelle les opprimés, pour s'affranchir
des vexations de plusieurs petits op-
presseurs toujours plus à charge qu'un

seul grand, devaient d'abord se rallier à ce dernier contre leurs ennemis communs et augmenter son pouvoir, rendu enfin tel que ces seigneurs, qui naguère se glorifiaient de leur indépendance, finirent par se glorifier de leur servitude et par se disputer, comme des titres d'honneur, des places de domesticité dans la maison du Roi *leur maître*; la deuxième révolution, celle qui fera l'objet de l'article suivant.

7.º *Passage à la république ou plutôt à l'anarchie*, lorsque le peuple, dont la tendance en se délivrant des seigneurs féodaux, avait été non de substituer un seul maître à plusieurs, mais de faire reconnaître ses propres droits, exigea l'abolition de distinctions devenues inutiles et par conséquent plus odieuses, celle d'une division des membres de l'État en trois classes, dont une produisant des fruits, et deux autres ne faisant plus que les recueillir, en un mot, réclama l'égalité politique; lorsque, sur le refus des deux premières, une lutte, engagée contr'elle par la partie éclairée de la troisième, fut ensuite poursuivie par la partie aveugle de cette dernière, par la masse du peuple, qui, confondant la licence avec la liberté, oubliant ses devoirs en revendiquant ses droits, voulant opprimer quand elle devait seulement vouloir ne pas être opprimée, quittant tout d'un coup les idées saines qui avaient amené la Révolution, parut adopter pour principes non celui de supprimer les privilèges, mais celui de dépouiller et de massacrer les privilègiés, non celui de réformer, mais celui d'anéantir.

8.º *Retour au despotisme*, moindre d'institution mais plus fort de fait que le premier, au despotisme le plus réel, lorsque, fatiguée des horreurs dont elle venait d'être la victime, jouet de quelques monstres qui semblaient prendre plaisir à répandre le sang, la nation se précipita entre les bras d'un chef victorieux en qui elle trouva d'abord un libérateur , et bientôt un maître absolu ; effet inévitable de l'anarchie , car pour en faire cesser les maux il faut employer la force , et le possesseur de cette force , après en avoir usé pour rétablir l'ordre , a rarement la générosité de ne pas en abuser pour asservir ses concitoyens, qui lui opposent d'autant moins de résistance , que , battus de la tempête, ils n'aspirent qu'au repos , fut-il celui de l'esclavage.

9.º *Enfin l'époque à laquelle nous nous trouvons*, celle où, après avoir passé du despotisme à l'anarchie , on sait que le mot *despotisme* exprime la quantité de la puissance , la réunion de celle législative à celle exécutive , et non son mode d'exercice , car il serait bien injuste d'attribuer au malheureux Louis XVI le caractère d'un despote ; après être retombés de l'anarchie dans le despotisme ; après avoir vu rapprochés les deux points les plus opposés, et avoir pu conséquemment les mieux comparer, en mieux apercevoir les vices, les Français doivent s'arrêter aux idées d'une liberté tempérée, se bien pénétrer de cette vérité que, si un chef absolu ne convient pas à une nation éclairée sur ses droits, d'un autre côté il faut à une nation étendue un chef unique et puissant, et à une nation qui veut la tranquillité un ordre constant et invariable de succession au trône ; enfin reconnaître que tout ce qui est beau en raisonnement n'est pas toujours bon en exécution, et que, suivant les expressions de Mably sur le Gouvernement de Charlemagne, expressions qui rappellent celles de Solon, le chef-d'œuvre de la raison humaine, quand de la théorie elle arrive à la pratique, consiste à donner des lois non les plus parfaites en elles-mêmes, mais les meilleures qu'on puisse exécuter.

Heureuse la France , si chacun , averti par les sévères leçons du passé , et s'attachant à ces principes modérés comme à l'ancre du salut , elle cesse pendant long-tems , car le demander pour toujours serait faire un vœu d'un accomplissement impossible , d'être ballottée par des partis contraires , et d'offrir dans ses passages aux extrêmes l'image ingénieusement présentée par Bailly en son histoire de l'astronomie , celle du pendule oscillant autour du point de repos sans pouvoir jamais s'y fixer !

Après ce tableau fort imparfait , m'est-il permis de rappeler une réflexion qui devrait être devenue triviale , mais qu'on ne saurait trop répéter parce qu'elle a pour but d'amortir les haines personnelles ? Comment , jetant un coup-d'œil sur l'histoire en général, ne demeure-t-on pas convaincu de cette vérité que c'est la force des choses et non la volonté de quel-

ques hommes qui fait les révolutions ;
car en se bornant à notre histoire particulière , nous voyons un seul homme
opérer , sans y être contraint par cette
force , un changement marqué , changement qui toutefois n'est pas assez
solidement établi pour survivre à son
auteur , et cependant cet homme était
Charlemagne ! que ceux qui jouent
un rôle dans ces révolutions sont seulement des instrumens de cette force; qu'à
leur défaut, d'autres se seraient trouvés;
que cette force ne tient par uniquement
aux choses présentes , mais à des choses souvent très-éloignées , le présent
arrivant toujours *gros du passé* , suivant l'expression de Leibnitz ; que les
événemens , au moment desquels cette
force s'exerce , sont seulement des occasions qui eussent été également four-
nies par d'autres événemens ; enfin
que pour faire une application à la révolution de 89 , nos principaux révo-
lutionnaires ne furent pas des contem-

porains , mais des hommes des sept ou
huit siècles précédens , et surtout des
XIV , XV et XVIme siècles.

Mais ces réflexions sortent de mon
sujet ; je n'avais pour but que d'indiquer les variations de gouvernement
afin de faire juger par elles des variations qu'avait dû subir la législation
tant dans la nature des lois civiles que
dans l'administration de la justice. Conséquences des premières , celles-ci en
dérivent si naturellement que chacun
les devine sans peine , et peu de mots
suffiront pour rappeler les principales.

TABLEAU

DE NOS VARIATIONS LÉGISLATIVES.

Les peuples , qui dans les premiers
tems de la monarchie vivaient chacun
sous leurs lois particulières , n'en ont
bientôt plus d'autres que les caprices
des chefs de chaque province ou can-
ton ; ils sont délivrés de cette arbitraire

lors des *capitulaires* de Charlemagne,
qui, après avoir fixé autant qu'il le
pouvait, les lois de chaque province,
en confie l'exécution, non à un seul *duc*
permanent, dont l'abus d'autorité ou
la négligence eussent été trop à craindre, mais à des *envoyés royaux*, chargés
du gouvernement *de chaque légation*,
ou district de plusieurs comtés, et obligés de les visiter à des époques déterminées, pour y tenir leurs assises relatives à l'administration de la justice,
et pour veiller à ce qu'elle soit rendue
à chacun selon ses lois.

Aussitôt après la mort de Charlemagne, les mêmes causes produisent
les mêmes effets ; l'affaiblissement de
la puissance royale, avant que le
peuple ait senti sa force, amène l'érec-
tion des *fiefs* : on cesse de *porter les
causes par appel* à la justice du prince ;
plus de frein pour les grands, plus de
protection pour les faibles, plus d'envoyés royaux, plus d'*états provinciaux*,

plus de codes différens ; partout l'uniformité , mais celle de l'esclavage ; la
nation retombe dans les ténèbres ; de
l'oubli presque général de l'écriture
suit l'oubli de ce qu'on connaissait de
droit romain , du code Théodosien ;
dans les cas où l'intérêt des supérieurs
ne prend pas la place des lois , on se
guide par celles des barbares ; alors
s'étend l'usage des *jugemens de Dieu* et
du *duel judiciaire* , admis par toutes
ces lois , excepté par la loi Salique ;
alors le hasard et la force prennent la
place du droit.

Enfin les *justices seigneuriales* reçoivent en moins d'un siècle trois coups
mortels : le premier sous Louis VI,
lors de l'institution des *communes*, qui
ont chacune leur jurisdiction propre :
le deuxième sous Philippe II, qui
soumet toutes les autres jurisdictions
à la sienne, en cas *d'appel en déni
de justice* ou *défaute de droit* : le troisième et le plus fort sous Louis IX,

par la création de ses *établissemens*, qui, agissant comme exemples là où ils ne peuvent agir comme lois, produisent, sur le champ dans ses domaines, et peu-à-peu dans ceux des seigneurs, l'abolition du duel judiciaire et l'organisation d'une nouvelle procédure, pour laquelle les juges sont obligés de savoir, non se battre avec les plaideurs mécontens de leurs arrêts, mais lire et comparer des pièces; ce qui exclut des tribunaux les seigneurs, aux yeux desquels l'ignorance était un des plus beaux apanages de la noblesse, donne naissance aux *gens de robe* et régularise le mode de rendre la justice. La cour des Assises du Roi que, vers cette époque on commença à nommer *Parlement* et que la similitude de nom ne doit pas faire confondre avec les anciennes assemblées de la nation qui se tenaient dans les premiers tems de la monarchie, cette Cour, qui auparavant connaissait seulement de quelques affaires entre les différens seigneurs, et plutôt sous le rapport politique que sous le rapport civil, devient, par l'effet de ce nouveau genre d'instruction dans les procès, juge en dernier ressort de presque toutes les affaires civiles.

Quelque tems avant le règne de Louis IX, les *Pandectes*, découvertes dans la Pouille vers le milieu du XII.ᵉ siècle, professées aussitôt dans l'Italie où l'on possédait déjà le Code et les Novelles, s'étaient introduites en France avec ces deux ouvrages, s'y étaient répandues malgré les obstacles que leur offraient les anciennes coutumes Germaines et Gauloises et l'opposition du clergé; Louis IX les accrédite par les traductions qu'il en fait faire, et ces recueils de lois, qui deux siècles plus tard devaient donner lieu à la réformation des Coutumes, fournissent déjà des guides dans les cas nombreux où ces dernières se trouvent insuffisantes.

La civilisation s'avançait à grands pas ; mais les successeurs de Louis IX détruisent par leurs prétentions outrées la beauté de ses œuvres, comme ceux de Charlemagne avaient laissé périr les siennes par leur extrême faiblesse ; car il est rare qu'un grand homme ait de grands successeurs, comme si la nature, fière de l'avoir produit, voulait l'entourer de nains pour rendre son élévation plus remarquable. Après Louis IX, les rois ne paraissent protéger leurs sujets que par envie d'abaisser les Grands et non par amour de la justice ; et, au lieu de regarder, à l'exemple de ce prince, leur pouvoir comme un moyen de faire le bien du peuple, ils regardent le bien du peuple seulement comme un moyen d'augmenter leur pouvoir, dont ils n'usent que pour dicter des Chartes à leur fantaisie, et non pour améliorer les lois : ils sont favorisés dans leurs projets par les gens de robe, qui, offensés des mépris des seigneurs, ne cherchent qu'à faire aux Rois des titres contre ces derniers, imaginent les *cas royaux*, c'est-à-dire, des cas privilégiés dont la décision est reservée à des justices royales, et qu'on se garde bien de fixer afin de les étendre à volonté.

Les assemblées tenues sous Philippe IV et dites depuis *états-généraux*, pouvaient ramener l'ordre dans l'administration de la justice en le ramenant dans l'état; mais Charles V, qui les juge trop redoutables à son autorité, les remplace par d'autres assemblées arbitraires qui prirent par la suite le nom de *lits de justice*.

Enfin, Charles VII et ses successeurs font faire dans tout le royaume la rédaction des diverses coutumes locales, et tirent de nouveau la législation du chaos en rendant ces coutumes plus fixes, plus claires, plus générales et plus puissantes; plus fixes au moyen

de l'écriture ; plus claires au moyen
de l'ordre , en ce que dans la plupart
on suit le Droit romain , qui sert à cet
égard de guide pour les sujets qu'il a
traités et de modèle pour les autres ,
modèle de méthode bien imparfait
sans doute mais qui fut cependant d'un
grand secours ; plus générales au moyen
de leur diminution, en ce qu'on cherche
à fondre ensemble celles qui offrent peu
de différence ; enfin , plus puissantes
au moyen de la sanction royale dont
elles étaient auparavant privées. Alors
commence à naître une *jurisprudence* :
la multiplicité des affaires avait forcé
sous Charles VI à décréter le parlement *perpétuel* , bientôt après à en
créer plusieurs ; à établir à vie les offices des magistrats, qui n'étaient d'a-
bord qu'annuels ; et cette fixité des tribunaux , jointe à celle des lois , donne
à leurs arrêts une certaine autorité qu'ils
n'avaient pu obtenir auparavant.

Mais si la législation et la jurisprudence étaient nées , la diversité , qui existait dans toutes leurs parties, laissait encore beaucoup à désirer ; chaque province , chaque partie d'une province , souvent chaque ville , quelquefois même chaque quartier d'une ville , avait ses lois différentes ; car , bien que la France fut divisée en pays de Droit romain , qu'on avait continué à tort d'appeler *droit écrit* puisque l'autre Droit l'était aussi depuis long-tems , et en pays de *droit coutumier* , la vérité est que dans chaque province on suivait et le Droit romain et des coutumes ; que les pays de Droit romain étaient aussi réglés dans plusieurs circonstances par quelques coutumes , et que ceux de Droit coutumier avaient aussi recours à la législation romaine dans beaucoup de cas où les coutumes en dérivaient, cas nombreux puisqu'elle portait partout le nom de *mère des lois* , et dans beaucoup d'autres où elles étaient insuffisantes , et où alors les décisions romaines étaient reçues, sinon comme des lois, du moins comme des oracles de la *raison écrite.*

CES tableaux abrégés de nos variations politiques et législatives montrent assez l'impossibilité qu'offraient dans les premiers tems et l'extrême difficulté que présentaient dans les derniers pour des ouvrages méthodiques, cette confusion dans les lois, ce défaut d'uniformité, dont la fin ne pouvait arriver que par l'effet d'une révolution, qui, détruisant partout les institutions anciennes, mettant les membres de chaque partie de la France dans une position semblable, dans celle d'un manque d'organisation, les forçant à ne voir en eux que des citoyens d'un seul pays et non des citoyens de diverses provinces ; annullant de fait tous les anciens traités qui différenciaient leur condition, mais que la justice obligeait à respecter, leur donnant à tous un intérêt commun, un désir commun de se réunir , de ne former plus qu'une seule société, et non comme auparavant une société de sociétés , devait faire reconstruire l'édifice des lois politiques et civiles sur une base nouvelle et unique.

TELLES sont les causes résultantes de la nature de la science même qui retardent partout en général ses progrès , et celles qui les ont retardés chez nous en particulier.

Mais d'un autre côté , il faut voir que dans ces causes il en est qui ne peuvent plus nous être applicables : des causes générales , la quatrième , consistant dans le défaut de protection et même dans les obstacles de la part du Gouvernement , va cesser pour nous ; de nouvelles chaires viennent d'être créées ; des branches du Droit, qu'on était obligé d'aller étudier dans les pays étrangers , vont être professées dans le nôtre , et il va probablement être permis d'enseigner la Droit sous un point de vue étendu, philosophique, en un mot comme une science. Des deux causes particulières, l'une, le manque d'uniformité dans la législation, n'existe plus aujourd'hui, et l'autre, son manque de stabilité, paraît beaucoup moins à craindre, sinon pour quelques parties, du moins pour l'ensemble.

C'est donc le moment où les jurisconsultes doivent faire des efforts afin d'imprimer à la science une nouvelle direction, que tout favorise et à laquelle l'ont déjà préparée les discussions qui ont eu lieu lors de la création de nos nouvelles lois.

CAUSES DU SECOND GENRE.

Celles qui existent dans la manière dont on cultive généralement la science.

On peut distinguer en trois classes ceux qui s'occupent du Droit ; ces trois classes se composent de ceux qui l'appliquent, des auteurs et des professeurs.

Ce que je dirai sur les deux premières, sur la première principalement, est général pour tous les pays ; ce que je ferai remarquer sur la troisième est particulier au nôtre , non pour la totalité , mais pour le plus grand nombre de nos écoles.

1°. *Ceux qui appliquent le Droit.*

Presque tous ceux qui appliquent le Droit n'y voient, et même n'y sauraient voir qu'un moyen de traiter des affaires, et non une science. Ils demandent donc, non ce qui doit être décidé , mais ce qui est decidé le plus habituellement , non une doctrine , mais une jurisprudence, non des raisonnemens , mais des arrêts et toujours des arrêts. Par conséquent à des ouvrages d'ensemble qu'il leur faudrait embrasser en entier avant de pouvoir les appliquer , et qu'alors encore ils seraient obligés d'appliquer eux-mêmes, ils préfèrent des ouvrages de pièces et de morceaux, des marqueteries, des collections, où ils trouvent traitées les questions dont ils ont besoin ou d'autres analogues; aussi rejettent-ils les premiers par cette seule raison qu'ils sont abstraits, titre qui, donné par eux comme un jugement de condamnation, devrait être au contraire l'expression d'une raison de préférence, s'ils songeaient que l'abstraction n'est autre chose qu'une méthode de l'esprit, à l'aide de laquelle il parvient à embrasser un objet dont il ne pourrait sans elle apercevoir qu'imparfaitement une partie.

2°. *Auteurs*.

Quant aux auteurs, cette vérité que la plupart écrivent pour la réputation ou pour l'intérêt, très-peu pour l'amour de la science, que la plupart veulent être approuvés et achetés par un grand nombre de gens, quels qu'ils soient,

plutôt que jugés par un petit nombre
de connaisseurs, cette vérité sera d'une
application encore plus étendue dans
la science du Droit que dans toute
autre, par la raison de son peu d'attraits,
raison que nous avons développée plus
haut.

Ils sacrifieront donc ici davantage au
goût le plus général de leurs lecteurs,
et ce goût est loin d'être favorable aux
progrès de la science. Nous venons de
voir dans l'article précédent quel en
est le motif pour les personnes qui la pratiquent : on sent facilement que ce motif existera encore à un plus haut dégré
pour celles qui, sans la pratiquer, auront besoin d'en connaître quelquefois
les dispositions ; et ces dernières se rencontreront plus fréquemment dans le
Droit que partout ailleurs, ou plutôt se
rencontreront seulement dans le Droit :
car c'est seulement dans cette science
quechacun verra son intérêt l'obliger à
prendre une opinion.

A cet inconvénient d'être mal jugé
et par beaucoup de monde, ajoutez
celui d'entendre prononcer hardiment
les plus mauvais jugemens.

Dans le Droit, c'est-à-dire dans une
science de raisonnement appliqué souvent à des circonstances de la vie habituelle, chacun croit pouvoir prendre
un avis, croit même, quand l'occasion
s'en présente, son amour-propre engagé à en adopter un, et se décide
avec d'autant plus de facilité qu'il est
plus ignorant ; car dans les questions
de Droit, comme dans toute question possible qui se complique de plusieurs particularités, il est peu de décisions si erronées qui ne présentent
un côté raisonnable, et peu de si
sages qui ne soient sujettes à quelques
objections ; d'où il résulte que l'homme
instruit, dont la vue peut embrasser
plusieurs côtés, hésite long-tems avant
de se fixer, et que l'ignorant qui
en aperçoit un seul s'y attache sur-le-

champ, que dès-lors ce qui constitue la difficulté pour approfondir la science constitue la facilité pour en discourir d'une manière spécieuse.

Ce dernier inconvénient n'a pas lieu de même dans les sciences physiques ni dans les sciences métaphysiques : d'abord l'intérêt de fortune ne demande jamais un avis à leur égard ; en outre, pour les premières l'amour-propre se trouve avec justice excusé par le manque d'études préliminaires, toujours indispensables puisque les raisonnemens y roulent sur des faits absolument nécessaires à connaître ; et pour les secondes, il est consolé par cette idée que l'homme instruit et l'ignorant arrivent souvent au même résultat, à celui du doute absolu, avec cette seule différence que l'un sait pourquoi il doute tandis que l'autre l'ignore ; différence qu'on se plaît à oublier.

Il est donc naturel que pour les

ouvrages de Droit il y ait plus de mauvais juges que pour les autres, et qu'ainsi les auteurs soient moins encouragés à travailler dans un sens utile à la science.

Cependant ce manque d'encouragement est-il une excuse suffisante ? Ils se prêtent au goût de leurs lecteurs pour les ouvrages formés de questions détachées, d'autant plus volontiers que ces ouvrages offrent beaucoup moins de difficultés que ceux qui renferment des corps de doctrines.

Mais avec plus de travail, ne pourraient-ils pas réunir les avantages des premiers au mérite des seconds ? Ne pourraient-ils pas faire entrer dans ceux-ci les discussions, les arrêts qui font rechercher les autres ? Ne pourraient-ils pas, en posant les principes et leurs corollaires, joindre les décisions de jurisconsultes ou de tribunaux qui les confirmeraient, et réfuter celles qui les combattraient ? Ils satisferaient

alors , et l'homme qui veut s'instruire ,
se faire un avis à lui et l'homme qui,
ne veut que trouver un avis tout fait ,
ils favoriseraient la science sans sacrifier leur intérêt , et leurs ouvrages seraient bons sans cesser d'être estimés
et recherchés ; mais il faudrait , comme
nous venons de le dire , beaucoup plus
de travail , beaucoup plus de réflexions;
et aux yeux de la plupart des auteurs
qu'importe l'intérêt de la science, pourvu que leur intérêt personnel ne souffre
pas ; qu'importe de mériter un succès,
pourvu qu'on l'obtienne ! A voir le
plus grand nombre des livres de Droit,
au premier coup d'œil on ne sait qui
l'on doit accuser des auteurs ou des
lecteurs , si c'est le mauvais goût des
lecteurs qui fait faire de mauvais ouvrages , ou si ce sont les mauvais ouvrages qui forment le mauvais goût
des lecteurs.

3°. *Professeurs.*

Enfin une dernière cause des faibles

progrès que la science a faits et fait encore en France doit, je pense, être
cherchée dans la méthode d'enseignement généralement adoptée.

Je crois qu'on peut compter trois
méthodes d'enseignement.

Dans l'une, on prend les dispositions
de la science telles qu'elles sont et
dans l'ordre où elles se trouvent, et on
donne de chacune les explications dont
on la croit susceptible.

Cette marche est celle de l'homme
qui ne voit pas la science, mais seulement ses matériaux ; je l'appellerais volontiers *méthode de particularités*, si elle
méritait le nom de méthode.

Alors je nommerais les deux autres
méthodes de généralités.

La deuxième offre aussi la science
dans l'état où elle est, toute faite,
comme un problème à résoudre ; mais
au lieu d'en développer les dispositions
une à une et de suivre chacune dans
ses détails, elle considère d'abord leur

ensemble, recherche celles d'entr'elles qui gouvernent les autres, les présente ensuite pour les démontrer, et donne ainsi des généralités avant d'entrer dans les particularités.

Comme cette dernière méthode prend la science toute créée pour la décomposer, elle est dite *analytique*, c'est-à-dire, de décomposition.

Elle est évidemment moins mauvaise que la première. C'est celle de l'homme qui voit au moins une science sans la voir sous son véritable jour, de l'homme qui sait sans pouvoir se rendre compte de la manière dont il sait, des points de rapport entre ce qu'il sait depuis l'étude qu'il a faite et ce qu'il savait auparavant, de l'homme qui est arrivé dans la science, mais qui n'y est pas placé assez haut pour distinguer les routes qui viennent y aboutir.

Enfin la troisième consiste à regarder la science comme à faire et non pas comme faite; à l'enseigner de la même manière qu'elle a été inventée, comme le voulait Bacon, ou mieux de la meilleure manière qu'elle pourrait être inventée; à se reporter au moment où l'on a appris; je ne dirai pas à recommencer devant celui qu'on veut instruire les opérations par lesquelles on s'est instruit soi-même, parce qu'on courrait alors les risques de le conduire par des chemins trop longs; mais à se mettre à sa place, à examiner dans les connaissances qu'on lui suppose, celles dont il faudrait partir afin d'arriver le plus facilement à celles auxquelles on veut le mener; enfin à composer la science devant son élève, ou mieux, suivant les expressions de l'auteur d'Emile, à la lui faire composer lui-même, d'où cette méthode a le nom de *synthétique*, c'est-à-dire, de composition.

Chacun sent combien elle est supérieure aux deux autres. C'est celle de l'homme qui après avoir étudié la science, s'est étudié lui-même pour connaître la marche de l'esprit humain, qui a bien démêlé ses idées, qui sait comment il sait, qui, après s'être servi d'un instrument pour la confection d'un ouvrage, a observé l'ouvrage et l'instrument, a vu les difficultés que l'un présenterait à refaire et les secours que l'autre mieux connu fournirait; de l'homme qui, parvenu à un point élevé du labyrinthe de la science, aperçoit le commencement, les détours, la fin de ses routes, juge où, comment et pourquoi il a pu s'égarer dans un premier voyage, et comment il pourrait ne pas s'égarer dans un second ; en un mot, c'est la méthode de l'homme qui sait bien.

On différencie ces deux dernières, en disant que l'une pose d'abord l'inconnu qu'elle démontre ensuite par le connu, tandis que l'autre va du connu à l'inconnu.

Dans les deux premières, le professeur est toujours un supérieur, toujours un maître, ce qu'il ne doit jamais être; il débite ce qu'il sait à l'élève qui l'ignore, et au-dessus duquel il se tient toujours; il lui présente d'abord des idées que ce dernier ne conçoit pas, et les lui explique ensuite; il lui parle un langage différent du sien, et le lui traduit après, ou, en d'autres termes, il parle d'abord sans se faire entendre. Dans la troisème au contraire, il descend au niveau de son élève, oublie toute ses connaissances acquises et ne conserve que sa méthode pour les acquérir. enfin il n'est plus qu'un guide; et il ne doit jamais être autre chose.

Je ferai observer que le mot *principes* sera pris en des sens différens, selon qu'on suivra l'une ou l'autre de ces deux dernières méthodes.

Dans l'une comme on classe les idées non selon l'ordre dans lequel on y parvient naturellement, non selon l'antériorité de naissance, mais selon l'importance qu'elles se trouvent avoir dans la science, on appelle principes celles en qui la comparaison a montré cette dernière qualité, et l'on donne alors le nom de principes au résumé du travail, à des résultats.

Dans l'autre, où l'on suit la marche opposée, on désigne sous ce nom les idées originaires dont on est parti.

A l'égard de la première des méthodes dont il a été question, de celle que j'ai appelée *de particularités*, elle n'a pas à proprement parler de principes, chaque disposition y est presque considérée comme un seul tout, et dans le cas où elle admet des principes, ce mot y reçoit la même acception que dans la méthode analytique.

Les idées bien déterminées sur ces diverses méthodes, voyons celle qu'adoptent nos professeurs ; mais je déclare auparavant que je n'ai le dessein d'attaquer aucune école spécialement : je parlerai en thèse générale, et toute application particulière à telle ou telle école, et surtout à tel ou tel membre

de l'une d'elles, serait entièrement contraire à mes intentions ; *dicere de vitiis,
parcere personis*, doit être l'axiome de
tout ami de la science, je dirai même
de tout honnête homme.

Ne peut-on pas reprocher à beaucoup de nos professeurs de ne pas envisager leur science sous un point de vue
assez grand, de ne la considérer que
sous un point de vue usuel, de paraître en la traitant, offrir un recueil
de préceptes d'un art essentiellement
applicable, plutôt que la doctrine d'une
science dont l'application ne serait
qu'une conséquence ?

Ils devraient se rappeler qu'ils sont
placés pour enseigner une science et non
pas seulement ses dispositions, qu'ils
sont, comme le porte leur titre, des *professeurs de Droit*, et non des *professeurs de Lois*.

Servilement attachés à la méthode de
particularités, ils procèdent en glossa-
teurs plutôt qu'en jurisconsultes, ils se

bornent le plus souvent dans leurs cours à commenter des articles , oubliant que leurs fonctions consistent non pas à développer des détails , mais à donner des principes qui puissent guider dans ces détails , non pas à mesurer le terrain pied à pied , mais à poser des jalons qui puissent servir de règles. L'élève devrait avoir pris , avant d'étudier un Code, les idées générales sur toute la science ; avant d'étudier un livre d'un Code, les idées générales sur tout ce Code ; avant d'étudier un titre, les idées générales sur tout le livre ; avant d'étudier un chapitre , les idées générales sur tout le titre ; et non pas recevoir d'abord sur chaque article des explications détachées qu'il est hors d'état de bien entendre , car un article ne s'explique souvent que par d'autres très-éloignés qu'il ne connait pas encore. Quel est le but d'une telle méthode ? Est-ce d'énoncer toutes les difficultés qui peuvent s'élever sur les 'divers articles ? On n'y réussira jamais ; et quand on y réussirait, on n'inculquerait pas à l'élève d'idées justes de la science, ni d'idées qu'il pût se rendre propres. On méconnaitrait l'unique fin possible de toute éducation, qui est, non pas d'instruire, mais de mettre à même de s'instruire. C'est quand l'élève possède bien l'ensemble de la science, qu'il peut pénétrer dans les détails. C'est alors seulement qu'on peut l'y conduire, ou plutôt alors, il n'est pas nécessaire de l'y conduire, il s'y dirigera bien seul.

La méthode de particularités est donc dangereuse dans les premiers tems, inutile dans les derniers, et par conséquent toujours vicieuse.

Quelquefois cependant les professeurs procèdent par voie de généralités; mais alors c'est presque toujours suivant la méthode analytique, et non suivant la méthode synthétique dont les avantages sont si grands pour le moment et pour les suites de l'instruction.

Pour le moment : elle inspire à l'élève le goût de l'étude en lui fournissant l'emploi de ses forces , en le faisant marcher d'après ses idées , et non se traîner sur celles d'autrui , en lui faisant faire un cours de logique appliquée , en lui montrant l'esprit de la science et non pas seulement son matériel.

Pour les suites : elle a enseigné par le raisonnement et non par la mémoire ; Or ce que l'on tient du premier se conserve avec facilité , ce que l'on tient de la seconde se perd promptement ; l'un donne les choses en propriété, l'autre ne les donne, pour ainsi dire, qu'en dépôt ; un mot , une idée suffit pour rappeler un corps de doctrine qu'on s'est approprié à l'aide du raisonnement, parce que toutes les parties en sont jointes par un seul fil, mais ce qui est dû à la mémoire a besoin d'être appris de nouveau en totalité quand une fois on l'a oublié, parce que les diverses parties manquent d'un lien commun.

Combien de gens ont été dégoûtés de l'étude du Droit, qui s'y seraient livrés si on leur en eût rendu les commencemens moins fastidieux, si on leur eût offert des principes philosophiques, généraux, enfin si on leur eût présenté le Droit comme une science et non comme un métier? Et ceux qui se trouvent ainsi éloignés sont naturellement les bons esprits, ceux qui par conséquent pourraient faire dans la science et faire faire à la science le plus de progrès.

Veut-on un exemple frappant de la mauvaise direction imprimée aux études dans plusieurs écoles? Qu'on examine les preuves exigées des candidats qu'on écoute ces thèses, restes des anciennes disputes scolastiques, ces argumentations pédantesques et puériles qui, roulant sur des conciliations de textes, sur des mots plutôt que sur des idées, sont moins propres à former des juris-

consultes que des devineurs de logo-
gryphes, ces explications contournées,
torturées, où le plus souvent l'élève
et le public

« Tout en écoutant bien,
» Ont la saine raison de ne comprendre rien.
» Voilà donc les leçons qu'on prend dans vos écoles ! »

Au lieu de forcer l'élève à pâlir sur
les subtilités d'antinomistes, dont les
ouvrages sans cette méthode déplora-
ble, n'eussent peut-être jamais été lus
que de leurs auteurs ; au lieu de s'attacher à des oppositions de lois, dont une
seule non prévue ambarrasse quelquefois le candidat qui a le plus travaillé,
comme elle embarrasserait le professeur
lui-même s'il ne l'eût préparée ; au lieu
de restreindre l'ouvrage écrit au recto
d'une feuille qui ne peut contenir
qu'une table du sujet, ne serait-il pas
mieux de demander, comme on le fait
dans les autres sciences, dans la faculté
des Sciences et Lettres, dans celle de

Médecine, dans les écoles de Droit chez l'étranger, en Allemagne surtout, même dans plusieurs écoles de Droit en France, une dissertation écrite, où l'élève pourrait développer sa matière, l'offrir sous le jour qu'il croirait le plus favorable, en poser les principes, en déduire les conséquences, passer en revue les lois positives et les opinions des auteurs, montrer les points de rapports de ces lois avec d'autres, avec celles qui leur donnent naissance, avec celles qui en dérivent, et, s'élevant à des aperçus généraux, maître de son sujet, marcher dans un chemin qu'il se frayerait lui-même? Et lorsqu'ensuite la discusssion viendrait le mettre à une nouvelle épreuve, examiner par des questions verbales si le travail est bien de lui, n'aurait-on pas alors des mesures exactes pour juger de son genre d'esprit, de son érudition, de sa capacité?

On m'objectera probablement que

tous les élèves ne pourraient pas satisfaire à un pareil examen.

Je crois au contraire, qu'ayant été
bien dirigés, presque tous y réussiraient
sans peine. Mais au surplus, de ce que
quelques-uns sont incapables de bien
étudier une science, s'ensuit-il qu'elle
doive être mal enseignée à tous les autres? Est-il d'ailleurs nécessaire que les
grades en Droit puissent être obtenus
par quiconque les désire?

Les états pour lesquels la loi les exige,
sont en très-petit nombre, et l'importance de ces états est telle qu'on ne
saurait se montrer trop-sévère sur l'examen des connaissances demandées à
l'homme qui s'y destine.

Les principaux sont ceux de professeur, d'avocat et de magistrat, qui
requièrent l'un le doctorat, et les deux
autres la licence.

Pour le premier, peu importerait que
les épreuves par lesquelles on parvient
aux grades fussent plus fortes ; car elles

seraient toujours beaucoup moindres
que celles qui précèdent immédiatement le professorat. Et pour les deux
derniers, quel mal verrait-on à n'y recevoir que des hommes qui pussent
comprendre une science, à ne pas permettre que les personnes et les fortunes
des citoyens soient défendues ou jugées
par l'ignorance et par l'incapacité,
comme cela doit avoir lieu quelquefois
lorsque les études préalables sont faites
trop légèrement? Car si on jette les
yeux sur le barreau et sur les tribunaux, à côté d'hommes d'un vrai talent, on en verra qui ne sont pas même
capables d'entendre les premiers.

Quant aux autres états, dans lesquels
on applique les lois, les changemens
proposés seraient indifférens à leur
égard, puisqu'on peut les exercer sans
avoir aucun grade, ou en ayant seulement les premiers, c'est-à-dire, ceux
qu'on acquiérerait toujours sans peine.

Mais lors même que par la suite, ce

qui serait fort à souhaiter , on ne per-
mettrait d'entrer dans aucun des états
où l'on applique les lois, sans avoir ob-
tenu les grades en Droit, du moins
jusqu'à la licence , par quel motif ces
grades ne deviendraient-ils pas plus difficiles à acquérir ? Il en résulterait seulement que les hommes qui se destinent à
ces états travailleraient davantage avant
de les prendre, et parconséquent les
sauraient mieux.

En finissant d'indiquer les changemens à faire dans la méthode d'enseignement adoptée par certaines écoles ,
je dois cependant convenir qu'ils auraient l'inconvénient d'augmenter le
travail des professeurs : mais quelqu'attention que mérite cette grande considération , je ne pense pas qu'elle puisse
être mise en balance avec l'avantage que
la société entière retirerait d'un perfec-
tionnement dans les études.

Espérons donc que l'esprit philosophique qui se répand dans toutes les

parties de l'enseignement, portera bientôt la lumière dans celle du Droit, et qu'au premier rang par son importance, elle méritera d'y être aussi par la manière dont elle sera professée.

Après avoir exposé dans ce discours les causes de la stagnation de la science, et la marche que je crois la plus favorable à son avancement, je vais tenter d'esquisser une introduction à son étude philosophique, et d'indiquer ses principes fondamentaux, bien éloigné cependant de compter joindre l'exemple au précepte. Le simple bon sens suffit pour faire découvrir les défauts d'une méthode vicieuse, les avantages d'une bonne, et il ne suffit pas pour faire suivre cette dernière avec succès. On peut indiquer ce qu'il faut fuir, ce qu'il faut rechercher, sans croire qu'on pourra soi-même éviter l'écueil et atteindre le but. Mais si peu d'hommes sont en état de réussir dans une entreprise difficile, tous doivent aider de leurs efforts une entreprise qu'ils jugent utile ; c'est là le seul sentiment qui me fait prendre la plume , au moment où l'on s'occupe d'imprimer une nouvelle direction à la science du Droit.

Cet ouvrage sera divisé en six Titres.

Dans le premier , je fixerai l'objet du Droit et les principes fondamentaux de la morale de raisonnement et du Droit général.

Les deuxième et troisième renfermeront les applications de ces principes aux diverses positions de l'homme.

Le quatrième contiendra le développement de mes idées sur la source du Droit et sur ses divisions.

Le cinquième aura pour but l'examen des objections tirées de la morale de sentiment , de la conscience.

Enfin , le sixième traitera des encouragemens et des freins , des récompenses et des peines.

Avant d'établir les principes des devoirs et des droits , il eût été peut-être

nécessaire de discuter l'existence de la
morale , d'examiner s'il est possible
de la fonder sur le raisonnement seul ,
et, en cas de négative , quelle base il
faut lui donner ; car la décision de ces
questions est essentielle pour les règles à fixer dans plusieurs cas , ainsi
qu'on le verra notamment au dernier
titre : mais les recherches métaphysiques qu'elle demande m'eussent entraîné trop loin ; leur importance ne me
permettant pas de les négliger , leur
longueur m'empêchant de les mettre en
tête de l'ouvrage , j'ai pris le parti mi-
toyen de les rejeter dans une note.

On voit , d'après cet exposé, que
j'embrasse un sujet d'une grande étendue : pour le développer il eût fallu
plusieurs volumes ; mon intention n'é-
tant pas de composer un long ouvrage ,
je restreindrai mes idées le plus qu'il
me sera possible. D'ailleurs les déve-
loppemens me semblent toujours inutiles; l'effort ne doit tendre qu'à trouver

des principes justes et à les bien présenter : si l'on y réussit, le lecteur déduit sans peine les conséquences.

Il me sera probablement, à l'égard de la note de métaphysique dont je viens de parler, adressé, entr'autres reproches, celui d'avoir remonté trop haut, celui d'avoir soumis à la discussion des principes qu'il eût mieux valu y soustraire, celui surtout d'avoir laissé dans le doute des questions dont la solution est du plus grand intérêt.

Mais, relativement au premier, comment examiner les principes fondamentaux du Droit, sans entrer dans la morale, et comment entrer dans la morale sans aborder la métaphysique ? Toutes ces connaissances se tiennent, et l'on ne peut arriver aux unes sans passer par les autres ?

Relativement au deuxième, comment dans un ouvrage de pur raisonnement, partir de principes non raisonnés ? Ne serait-ce pas, suivant l'expression d'Horace, adapter à un corps une tête d'une nature différente? Ne serait-ce pas élever un édifice avant d'en avoir assis les bases? Quelle foi méritent des conséquences déduites de principes sans démonstration? Il serait plus utile, dira-t-on, d'admettre telle ou telle loi, de la consacrer. Je n'en sais rien; mais je crois que dans l'étude d'une science, la vérité doit paraître le but principal, et qu'il faut affirmer ce qui est réellement et non ce dont on désirerait l'éxistence, le vrai quel qu'il soit, et non l'erroné ou le douteux selon leur utilité plus ou moins grande.

Relativement au troisième, comment pouvais-je décider quand je n'avais des motifs que pour douter? Quel est d'ailleurs, en fait de religion, car c'est seulement sous ce point de vue qu'on me blâmerait ici, quel est le danger de montrer les sujets que le raisonnement aurait de douter? Est-ce attaquer les personnes qui ont la foi?

Est-ce dire qu'on ne l'a pas soi-même? Le raisonnement et la foi sont entièrement indépendans l'un de l'autre; le doute du premier ne fait que fournir à la dernière une occasion de s'exercer, ou plutôt c'est sur ce doute lui-même qu'est fondée l'utilité de la religion? On conçoit en effet que l'esprit humain, arrivé aux limites de sa sphère, doit éprouver le besoin de se laisser guider.

Mais il est tems de terminer ce discours, qui excède déjà les bornes ordinaires ; il ne me resterait plus qu'à réclamer l'indulgence du lecteur. Je demanderai cependant moins cette indulgence que le degré d'attention nécessaire pour m'éclairer par des objections raisonnées, que je recevrai toujours avec la plus grande reconnaissance; curieux de connaître les opinions sur mon travail, afin de pouvoir rectifier mes erreurs, je recherche la critique, loin de l'éviter ; quelque sévère qu'elle soit, je serai toujours charmé de voir éclairer mon esprit, ne le fit-on qu'en humiliant mon amour-propre.

Ce que je désire, c'est de n'être jugé que sur l'ensemble de l'ouvrage ; il ne forme qu'un tout ; des parties détachées n'en donneraient aucune idée ; on verrait là des propositions qui paraitraient outrées dans un sens, ici d'autres qui le paraitraient dans un sens différent, tandis que l'ensemble en offrira seulement, je l'espère, de simples et d'admissibles.

INTRODUCTION

A L'ÉTUDE PHILOSOPHIQUE

DU DROIT.

TITRE PREMIER.

Objet du Droit et principes fondamentaux de la morale de raisonnement et du Droit général.

CHAPITRE PREMIER.

Objet du Droit.

Le Droit *pur* examine quels sont, indépendamment des conventions, les devoirs et les Droits de l'homme vis-à-vis de l'homme; le Droit *au moment de son application* établit quelles doivent être les bases des rapports et des conventions; le Droit une fois *appliqué* fait connaître quelles sont ces conventions ou ce qu'on donne pour tel.

Dans le premier cas, il est une partie de la morale, sa partie raisonnée; dans le deuxième, il en est un développement; dans le troisième, il en est, selon la bonté des lois, un simple développement, ou presque toujours une modification, souvent une lésion.

Dans les deux premiers cas, il est ce que j'appelle *droit général*; dans le troisième, il est ce que j'appelle *droit particulier*, dénominations prises de la nature du Droit, sans égard aux êtres qu'il gouverne, masses ou individus (a).

Pour bien entendre les lois, il faut pouvoir distinguer en elles les dispositions qui dérivent

____

(a) Je ne me sers point de dénominations usitées, telles que celles de *droit naturel*, *droit des nations*, *droit des gens*, *droit public*, *droit privé*, *droit civil*, *droit primaire*, *droit secondaire*, etc. Je les évite parce que chacune d'elles a été employée en des sens différens; au surplus, je renvoie pour les dénominations au Tit. 5.

immédiatement de la morale, celles qui en dérivent médiatement, celles qui s'en éloignent ; pour bien entendre ce qui a été modifié en convention, il faut savoir d'abord ce qui doit être en équité : l'étude du droit général est donc un préliminaire indispensable, une introduction naturelle à l'étude du droit particulier ; c'est de ce premier seulement que je m'occuperai dans cet écrit.

Différences du Droit et de la Morale.

Il vient d'être dit que le droit général est un développement et quelquefois une modification de la morale ; mais il n'embrasse point la totalité de cette dernière.

Première différence. — Deux parties dans la Morale.

Le droit n'est qu'une science de raisonnement : la morale est à-la-fois une science de raisonnement et une disposition de sentiment. Il faut admettre en elle deux parties bien distinctes : l'une *de sentiment*, qui, dès que l'homme rencontrera un être organisé comme lui, le disposera en faveur de cet être ; et l'autre *de raisonnement*, qui, ainsi que je le démontrerai, ne connaîtra d'obligation que par la réciprocité, en sorte qu'un devoir sera toujours corrélatif à un droit.

On sent que cette dernière partie est la seule qu'on puisse considérer comme source du droit, et que l'autre, formée de quantités variables selon le degré de bonté des êtres qui l'exercent, ne se prête pas à une discussion méthodique, et n'entre pas dans le plan de cet ouvrage ; mais je déclare que si je ne m'occupe point de celle-ci, c'est uniquement parce qu'elle sort de mon sujet, et non par l'idée de la méconnaître, idée dont je suis au contraire fort éloigné.

J'ai été cependant forcé à dire quelques mots sur la *morale de sentiment*, tit. V, pour exposer et pour réfuter les objections qu'on a essayé d'en tirer contre la *morale de raisonnement.*

2e. *différence. — Classification des devoirs.*

En outre, quelques moralistes ont admis

trois classes de devoirs : les premiers envers Dieu, les seconds envers autrui, et les troisièmes envers soi-même.

Pour le droit, les seconds sont les seuls à examiner : ce sont aussi les seuls dont je vais traiter. Je ferai cependant une courte réflexion sur les deux autres.

D'abord, l'admission des troisièmes me semble absolument arbitraire et fautive; car s'il est vrai qu'il n'y a pas d'obligation sans lien, que celui qui a le droit d'imposer un lien a le droit d'en dégager, que dès-lors tout lien vis-à-vis de soi-même dépend de soi, est arbitraire, c'est-à-dire nul, il s'ensuit que ces troisièmes devoirs n'existent qu'autant qu'ils sont obligatoires vis-à-vis d'autres êtres, et que dès-lors cette classe rentre dans les deux autres, ou en d'autres termes n'existe pas.

Quant aux premiers, nous ne connaissons quels devoirs nous avons à remplir à l'égard des hommes que parce que nous connaissons la nature de ces hommes, ce qui leur est bon ou mauvais; mais relativement à Dieu, s'il nous est possible de parvenir à avoir une idée de son existence, il nous est impossible de parvenir à en avoir une de sa nature, et dès-lors de ce qui lui convient, de ce qu'il demande pour lui, de ce que nous lui devons : nous n'en saurions être instruits que par une révélation de sa part; et le raisonnement est insuffisant pour démontrer la réalité de cette classe de devoirs.

3e. *différence. — Recherches primitives de la Morale.*

Une autre différence entre le droit et la morale c'est que le premier part d'un résultat de l'autre, prend comme démontré ce que l'autre a mis en question, l'idée abstraite et absolue du devoir. Le droit fixe du premier abord quels sont les devoirs et les droits de l'homme, tandis que la morale, avant de déterminer les lois qui gouverneront la volonté de l'homme, a dû rechercher si cette volonté est susceptible d'être gouvernée, a dû dès-lors remonter à la métaphysique, la question de l'existence du libre-arbitre étant, pour ainsi dire, la transition de la philosophie spéculative à la philosophie pratique.

Admission du libre-arbitre et sa base.

Nous ne nous livrerons donc pas ici à l'examen de la question du libre-arbitre, question dont la solution affirmative permet cependant seule d'établir le droit général qui va nous occuper.

Néanmoins, d'un autre côté, tout en admettant le libre-arbitre, comme pour les décisions à porter dans plusieurs cas, et notamment dans les cas relatifs aux récompenses et aux punitions, il importe de ne pas ignorer sur quoi est fondée son admission. Nous avons cru devoir faire dans une note (*a*) cet examen, dont nous nous contenterons de donner ici la conclusion, celle que le libre-arbitre a pour base le sens intime, et non le raisonnement.

Mais le libre-arbitre une fois reconnu, nous allons voir le raisonnement, trouver et prouver

______

(*a*) Voir la note (1).

seul les règles des devoirs et des droits de l'homme à l'égard de l'homme ; nous allons voir ces règles se déduire des propositions les plus simples, les plus incontestables, ou plutôt n'être que les premières règles du raisonnement.

CHAPITRE II.

Principes fondamentaux de la Morale de raisonnement et du Droit général.

SECTION Ire.

Non-sujet de préférence entre des objets égaux et égalité entre les hommes.

La première loi du raisonnement, celle sans laquelle il ne pourrait exister de logique, c'est qu'entre des objets égaux il n'y a pas de sujet de préférence.

Ce principe, si simple qu'on rougirait de l'énoncer si l'on ne savait que c'est le propre de tout principe de frapper par son évidence, sans laisser soupçonner toutes ses conséquences et toutes ses applications, est aussi celui de la morale de raisonnement et du Droit général, dont tous les préceptes en vont découler comme simples corollaires.

Nous considérerons l'homme dans l'état de non-société et dans celui de société : d'abord relativement aux personnes ; ensuite relativement à ce qui leur est accessoire, aux choses : mais il est nécessaire de faire préalablement quelques réflexions générales.

Explication du principe d'égalité entre les hommes.

Nous fixerons comme point de départ cette règle que l'homme est l'égal de l'homme.

Mais avant d'aller plus loin, il faut expliquer ce mot *égal.*

Quand je dis que l'homme est l'égal de l'homme, je ne prétends pas parler de l'égalité absolue ; je ne prétends pas avancer que chacun est doué des mêmes avantages, a toujours les mêmes droits, ne mérite dans aucun état de choses aucune préférence. Tous au con-

traire diffèrent entr'eux : l'un est fort, l'autre
est faible; l'un est sot, l'autre est spirituel;
l'un est bon, l'autre est méchant, etc.

Comme tous les êtres, personnes ou choses,
ne sont que des réunions de qualités, il s'ensuit que ces êtres ne sauraient être examinés
autrement que sous le rapport des qualités,
que dès-lors ils doivent être différenciés entre
eux selon les différences de ces qualités. Dire
qu'on doit donner le même fardeau au fort
et au faible, le même ouvrage au sot et au
spirituel, la même confiance au bon et au
méchant, par la raison que tous sont des
hommes, ne serait-ce pas aussi ridicule que
de dire qu'on doit donner la même quantité
de nourriture au ciron et à l'éléphant, par la
raison que tous deux sont des animaux ? Loin
de maintenir l'égalité, ne serait-ce pas la
violer ?

Or si ce sont les qualités, et non les êtres
chez lesquels elles peuvent se trouver ou ne
pas se trouver, qu'il faut juger pour décider
les droits d'égalité, si les diverses qualités

physiques ou intellectuelles ne sont pas égales entr'elles, il s'ensuit que les possesseurs de ces qualités ne sont pas non plus à considérer comme égaux entr'eux, c'est-à-dire que l'inégalité entre les hommes résulte du principe même d'égalité.

D'un autre côté, comme toute chose n'a de valeur qu'en raison de l'avantage, utilité ou agrément, qu'on en peut retirer, il suit que chaque qualité ne pourra être entre le possesseur et les autres hommes une cause de préférence pour lui qu'autant qu'ils y verront une cause d'avantages pour eux ; qu'ainsi jusqu'à ce que les autres lui demandent l'emploi de telle ou telle qualité, elle ne sera d'aucun titre vis-à-vis d'eux ; qu'à ce moment il se fera, pour ainsi dire, entre celui qui fournira et celui qui demandera l'emploi de cette faculté, un traité dans lequel ils en détermineront la valeur ; mais que jusqu'alors, en envisageant les hommes entr'eux, en s'envisageant avec les autres hommes, on ne pourra voir dans soi et dans tous les autres que des êtres doués de la faculté égale de sentir le bien et le mal, du droit égal d'empêcher qu'aucun ne les prive de l'un et ne leur occasionne l'autre ; enfin, des êtres égaux sous ce rapport : or c'est le seul dont nous ayons besoin ici.

Nous poserons donc, comme base du droit général, la loi d'égalité entre les hommes, sauf à faire voir, à mesure que cela sera nécessaire, quelles modifications cette loi doit subir, et dans quelles circonstances elle doit les subir.

SECTION II.

Objections.

1re. *Objection. — Règle relativement aux animaux.*

On m'objectera peut-être que par cette manière de raisonner je dois mettre les animaux surla même ligne que l'homme.

Mais je n'examine ici l'homme que dans ses rapports avec l'homme et non dans ses rapports avec les animaux, et cela pour deux raisons: la première, parce que cet ouvrage est seulement une introduction à l'étude du droit et qu'il n'y a de droit qu'entre les hommes ; la seconde, parce qu'il me semble qu'on ne saurait établir, vis-à-vis des animaux, des lois comme on le fait vis-à-vis des hommes, la seule à observer à leur égard étant, selon moi, de leur faire le moins de mal possible, mais non de ne leur en faire aucun.

C'est en vain qu'on essaiera de combattre ce principe ; toutes les impulsions d'un bon cœur viendront échouer contre l'inébranlable nécessité. Il ne faut qu'ouvrir les yeux pour voir que la plupart des espèces ne peuvent exister qu'en étant en guerre avec d'autres espèces, et que vouloir changer cette loi, ce serait vouloir changer la nature entière.

Réduira-t-on les carnivores à se nourrir d'herbes ? mais toute leur structure s'y oppose ; ils mourront plutôt : en outre, les animaux, ne se détruisant plus les uns les autres, pulluleront à l'infini et bientôt la terre ne pourra plus leur fournir d'alimens.

Réduira-t-on l'homme à ne pas assujettir, à ne pas détruire les animaux, à ne pas les employer à ses besoins? alors lui-même va servir aux leurs : lui-même va périr victime de leurs attaques ; soit directes contre sa personne ; soit indirectes contre les productions de sa culture.

Mais comme la loi générale que nous allons voir prescrire de ne faire de mal à aucun être sentant ne se trouve combattue à l'égard des animaux que par l'exception tirée de la nécessité, l'effet doit cesser avec la cause, et quand on n'est pas dans le cas de l'exception on rentre dans celui de la régle. Les souffrances qu'on fait endurer aux animaux sans absolue nécessité, celles qui n'ont pour but que de procurer à leur auteur une jouissance proche ou éloignée, me semblent de véritables crimes. Si l'homme est souvent forcé d'agir contr'eux, il ne doit s'y résoudre qu'à regret, qu'après avoir vu l'impossibilité de s'en dispenser ; celui qui n'éprouvera pas ce sentiment de peine en maltraitant les animaux, ne l'éprouvera pas

en maltraitant ses semblables ; si la morale,
si le sentiment n'ont pu le retenir dans un cas ,
ils ne le retiendront pas dans l'autre : l'homme
dur envers les animaux l'est nécessairement
envers les hommes.

2ᵉ. *Objection.* — *Différence de sensibilité entre des individus*
de même espèce.

Si l'on dit que parmi les individus d'une
même espèce, hommes ou autres, tous ne sont
pas doués de la faculté égale de sentir le bien
ou le mal, qu'ainsi ce qui est bien ou mal
pour l'un ne l'est pas pour l'autre ;

Je répondrai d'abord qu'en général chacun
ne peut être juge que de sa sensibilité et non
de celle des autres ; ensuite, que l'obligation
de faire du bien ou de ne pas faire de mal à
un individu , sera non pas celle de faire pré-
cisément telle ou telle chose, mais celle de
faire ensorte de procurer à cet individu un
résultat avantageux, ou de ne pas lui en occasionner un désavantageux ; enfin, qu'en entrant dans des détails individuels , il serait

impossible en toute science de poser des principes, c'est-à-dire des lois communes à tous
les êtres d'une même espèce, qui se distinguent
ensuite entr'eux par des modifications particulières ; que dans les théories, il faut de toute
nécessité négliger ces considérations indivi-
duelles, dont on doit s'occuper dans la pratique ; et que dans cette dernière c'est à leur
observation qu'on reconnaît l'homme qui a
bien saisi l'esprit d'une science.

3ᵉ. *Objection. — Loi de réciprocité.*

On pourrait vouloir donner pour premier
principe du Droit la loi de réciprocité ; et regarder l'égalité parfaite comme son cas le plus
simple.

Mais cette loi de réciprocité n'est pas principe premier, ne porte pas sa raison en elle-
même. En effet, qui peut commander la réciprocité complète ou partielle ? Supposons en
rapport deux objets de natures entièrement
différentes, par exemple, l'un doué et l'autre
privé de la faculté de sentir, où verra-t-on

entre eux l'obligation de réciprocité ? Elle ne dérive donc que de la possession commune de cette faculté ; il en est de même de tous les autres cas : c'est le rapport entre les poids qui occasionne pour les plateaux d'une balance la réciprocité d'entraînement , réciprocité complète si les poids sont égaux, partielle s'ils sont différens ; la réciprocité résulte alors de l'égalité entre le total ou entre une partie d'un poids et le total de l'autre poids, ou autrement de l'égalité entre deux touts ou entre une partie et un tout : la première égalité s'appelle égalité simple, la deuxième se nomme proportionnalité.

On voit donc que c'est la loi de réciprocité qui résulte de celle d'égalité, et non la loi d'égalité qui résulte de celle de réciprocité ; la réciprocité est générale ou partielle, parfaite ou imparfaite, selon que l'égalité a lieu sur tous les points ou seulement sur quelques-uns.

J'ai fait voir plus haut que relativement aux hommes l'égalité doit être considérée comme parfaite dans le premier moment, dans celui où aucun n'a encore réclamé l'emploi d'une faculté possédée par un autre ; et je prie de ne pas oublier que c'est de ce moment là que je pars, que c'est à ce moment-là que sont applicables les règles qui vont être établies.

SECTION III.

Conséquences du premier principe.

Du non-sujet de préférence entre des objets égaux et de l'égalité entre les hommes, se déduisent les règles suivantes :

1°. Aucun homme n'a de droit sur un autre.

2°. Aucun ne peut être contraint à avoir des rapports avec un autre.

3°. Si tu ne veux pas avoir de rapports avec les hommes, tu n'as à leur égard ni droits ni devoirs, ces deux idées étant corrélatives ; car entre deux êtres égaux, sur quel motif l'un pourrait-il exiger ce dont il ne donnerait pas l'équivalent ?

4° Si toi et eux vous voulez avoir des rapports ensemble, chacun doit se conduire à
l'égard de chacun comme à l'égard d'un autre
soi-même ; ou, en d'autres termes, tu dois ne
pas faire à autrui ce que tu ne voudrais pas
qu'on te fît, et tu dois lui faire ce que tu
voudrais qu'on te fît à toi-même, en supposant
que tu fusses à sa place, c'est-à-dire sentant
comme lui ; car ce serait faire la plus fausse
application du principe, que d'éloigner des
autres les choses qu'on craint, et de leur procurer celles qu'on désire pour soi-même : il
faut se rappeler toujours que le bien de l'individu est le but, et que ce qu'on fait pour y
parvenir est seulement le moyen.

Cette maxime de ne pas faire à autrui ce que
nous ne voudrions pas qu'on nous fît et de
lui faire ce que nous voudrions qu'on nous
fît à nous-mêmes, a été donnée souvent comme
maxime première ; mais, ainsi présentée, ce
n'est pas un principe fondé sur le raisonnement, c'est un précepte qui paraît ordonné
d'une manière arbitraire.

5°. Les rapports existans, ainsi qu'il vient d'être dit, à la condition de réciprocité, si autrui ne suit pas vis-à-vis de toi la règle précédente, tu n'es pas obligé de la suivre vis-à-vis de lui, ou autrement vos actions doivent vous servir de mesure à l'égard l'un de l'autre.

Équité, base du Droit.

L'observation de ces règles forme la vertu dont le nom en rappelle le principe, la vertu de l'*équité*, base du droit.

Distinction des vertus en prohibitives ou coercitives et en actives ou impulsives.

C'est de ces règles que vont suivre, pour l'homme en non-société vis-à-vis de ceux qu'il rencontre, toutes les vertus que j'appellerais volontiers *prohibitives* ou *coercitives*, c'est-à-dire qui empêchent d'agir ; et pour l'homme en société, vis-à-vis de ceux qui ne sont pas membres de sa société ou d'une autre alliée à la sienne, toutes les vertus coercitives, et vis-à-vis de ceux qui en sont membres, toutes les vertus, tant celles coercitives, que celles auxquelles je donnerais le nom d'*actives* ou *impulsives*, c'est-à-dire qui font agir.

Examinons donc l'homme sous ce double rapport, sous celui de non-société et sous celui de société; et dans l'un et l'autre cas nous aurons, ainsi qu'il a été annoncé dans la première section, à le considérer d'abord relativement aux personnes, et ensuite relativement aux choses.

Explication des mots état de non-société et état de société.

Je ferai observer que par les mots *état de non-société* et *état de société* je n'entends pas *état sauvage* et *état civilisé*, ces dernières expressions étant pour moi vides de sens. Car qui déterminera où finit l'état sauvage, où commence l'Etat de civilisation? Le premier est un état de société moins étendue, moins parfaite, si on veut, mais n'en établissant pas moins des rapports entre des individus, et dès-lors n'en exigeant pas moins des lois. Que ces rapports aient lieu entre un grand ou entre un petit nombre d'individus, entre les seuls membres de chaque famille formant autant de petites sociétés, ou entre les diverses familles ne formant qu'une seule société, n'importe ; les lois en reposent toujours sur les mêmes bases.

Ainsi, du moment que l'homme vivra seulement en famille, il se trouvera dans ce que j'appelle *état de société* relativement aux autres membres de cette famille, et il restera dans l'*état de non-société* relativement aux autres hommes.

Celui que je dirais en état de non-société, serait celui qui vivrait absolument seul ; par exemple, un individu retiré dans un désert.

L'Etat de société est l'état naturel de l'homme.

L'état naturel de l'homme est donc l'état de société ainsi entendu, et non celui d'isolement. Dès-lors le voir isolé n'est autre chose que faire abstraction d'une de ses qualités.

Mais cette abstraction est nécessaire pour pouvoir établir la manière d'être de chacun à l'égard de ceux qui ne font pas partie de sa société ou d'une autre alliée à la sienne, et à l'égard de ceux qui en font partie, pour distinguer ce qui vient de l'état de société et ce qui lui est antérieur, ce qui vient de la qualité d'homme et ce qui vient de celle de sociétaire, de citoyen, comme le fit très-bien observer Puffendorff, enfin pour raisonner sur la base, sur la nature, sur les principes et sur les résultats de l'état social.

Elle est encore nécessaire parce que toute convention n'étant qu'une dérogation à ce qui aurait lieu sans elle, on rentre pour les cas qui ne font point l'objet médiat ou immédiat des conventions et pour ceux où elles cessent, dans le cas général, dans le cas simple, c'est-à-dire ici dans celui de non-société.

Je verrai dans le titre suivant les régles que doit observer l'homme en cet état, à l'égard ds ses semblables, et ces règles seront aussi celles de l'homme en société, à l'égard de ceux qui ne seront membres ni de sa société ni d'une autre alliée à la sienne; ce mot *alliée* étant pris dans son acception la plus générale, dans celle d'union par des rapports déjà établis, et non dans le sens restreint de confédération.

Mais on sent que presque tous les peuples sont alliés entre eux par des conventions dont l'ensemble forme un droit appelé *droit des gens* ; l'homme d'une nation n'est donc pas dans l'état de non-société relativement à ceux d'une autre nation qui ne violent pas les lois de ce droit des gens, et se trouve par conséquent assujetti vis-à-vis d'eux à des régles autres que celles qui vont être énoncées dans le titre suivant. Néanmoins, quoi qu'il soit peu d'hommes auxquels on puisse appliquer entièrement ces dernières, il est bon par les motifs énoncés dans l'alinéa précédent d'en faire l'objet d'un examen particulier.

TITRE DEUXIÈME.

De l'Homme en non-société.

Du principe d'égalité j'ai déduit la conséquence de l'absence des devoirs et des droits entre les hommes qui ne veulent pas avoir de rapports ensemble, et l'existence corrélative des devoirs et des droits entre ceux qui veulent avoir des rapports entre eux.

La première de ces manières d'être, celle dont il est question dans ce titre, n'est pas susceptible de développement : elle se borne à l'état d'inaction ; car, du moment qu'il y aura action, il y aura rapport, et dès-lors on rentrera dans la deuxième manière d'être, dans celle de société.

Dans ce premier état de la non-existence des devoirs dérivent les conséquences qui vont faire le sujet des deux chapitres suivans.

CHAPITRE PREMIER.

De l'Homme en non-société relativement aux personnes.

Tu n'es obligé de rien faire, absolument rien pour aucun autre, quelque besoin qu'il ait d'un service et quelque facilité que tu aies à le lui rendre : qu'un homme se noie à tes côtés, tu n'es pas obligé de lui tendre la main.

Mais aussi, tu es obligé de ne rien faire au détriment d'aucun autre, quelque léger pour lui et quelque utile pour toi que puisse être ce détriment ; que tu sois sur le point de périr et que pour te sauver il te faille seulement lui faire le moindre mal, meurs, tu le dois.

C'est ici surtout que je prierai de se rappeler que, bien que ne parlant pas de la morale de sentiment, je suis loin de la méconnaître. Il n'est peut-être pas d'homme qui, dans le cas où il verrait périr son semblable, ne lui tendît une main secourable : mais cela ne prouve pas que le droit strict et raisonné l'ordonne ; cela prouve seulement que, s'il est peu ou s'il n'est pas d'homme qui sache toujours le remplir, il n'en est pas qui dans certains cas ne sache dépasser les devoirs stricts prescrits par le raisonnement. Dans l'exemple cité plus haut, on agira, non par un raisonnement de devoirs strict, mais par un sentiment naturel et spontané d'identification qui fait souffrir de la souffrance d'un autre ou, pour exprimer la même idée en termes différens, par un sentiment d'humanité.

CHAPITRE DEUXIÈME.

De l'Homme en non-société relativement aux choses, et Question de la propriété.

Ce chapitre sera plus développé que le précédent, parce qu'il renferme une question plus susceptible de discussion, et qui en outre se présente à chaque instant dans tout état de choses ; cette question est celle de l'existence et de la source de la propriété.

Comme avant l'établissement en société, tous les hommes ont droit à tout ce qui leur convient, ou plutôt comme aucun n'y a de droit, l'idée de droit ne pouvant être admise sans celle de devoir, ainsi qu'on l'a vu au tit. Ier., chap. 2 , sect. 3, comme enfin ils sont tous relativement à chaque chose dans un état d'égalité, il faut en conclure qu'aucun ne peut prétendre à aucune préférence sur aucun objet, et encore moins à aucune propriété, puisque la propriété est un droit exclusif : ainsi ton voisin ne peut pas, fût-il mourant de faim, t'empêcher de venir partager sa nourriture.

Mais d'un autre côté, d'après le principe énoncé dans le chapitre précédent relativement au manque de droit des personnes sur les personnes fusses-tu mourant de faim toi-même et lui dans l'abondance, il n'est pas obligé de venir t'offrir la moindre parcelle d'alimens.

Occupation nue.

L'on pourrait, en partant de notre prin-

cipe d'égalité, soutenir avec quelque apparence de raison que tous ayant le droit de s'emparer des choses, du moment qu'un individu
a exercé ce droit, aucun autre ne peut plus prétendre à la chose occupée, et l'on poserait,
ainsi que le font la plupart des jurisconsultes,
l'occupation nue comme le fondement de la
propriété, comme la manière naturelle d'acquérir.

Pas le moindre doute que ce ne soit une
manière naturelle d'acquérir ; mais il ne s'ensuit pas que c'en soit une de conserver pri-
vativement, d'empêcher les autres de prétendre ensuite à ce qu'on a ainsi acquis.
L'occupation est un fait ; la propriété est un
droit qui exclut les autres, un *droit actif*;
un droit actif ne peut résulter d'un fait, mais
seulement d'une convention : l'occupation ne
peut donc constituer que la possession, le
fait ; et non la propriété, le droit.

Le mot *droit actif* est peut-être impropre ;
mais je n'en trouve pas d'autre dans notre
langue pour exprimer ce que je veux dire : au

surplus, j'abandonne le mot à la critique;
qu'on me permette seulement d'expliquer l'idée
que j'y attache.

Distinction des droits en actifs et en prohibitifs.

J'entends par *droit actif* celui qui nous
permet d'agir vis-à-vis d'autrui, et par *droit
prohibitif* celui qui nous permet d'empêcher
autrui d'agir vis-à-vis de nous. D'après les
principes d'égalité ci-dessus établis, il est évident que le premier ne peut résulter que de
la convention, et que le second a lieu sans
elle. Or la propriété, ayant pour objet d'ex-
clure les autres d'une chose commune, d'agir
dès-lors contre eux, ne saurait être fondée
que sur la convention. Après cette explication qui m'a paru nécessaire, je reprends
mon raisonnement sur l'occupation.

Je crois avoir démontré qu'elle n'est point
le principe de la propriété; en outre, combien
ce principe serait vague! Qu'est-ce qui constitue l'occupation? n'en reconnaîtra-t-on
qu'une réelle, ou en reconnaîtra-t-on aussi
une fictive?

Occupation accompagnée de travail.

Cessant de regarder l'occupation nue comme une cause de propriété, et ne la reconnaissant comme titre qu'autant qu'elle est accompagnée du travail, abandonnant dès-lors la théorie des jurisconsultes romains pour embrasser celle de plusieurs autres publicistes, on peut encore, d'après notre même principe d'égalité, dire qu'aucun homme ne peut être forcé à travailler pour un autre, et que s'emparer du fruit du travail d'un individu, est la même chose que de le forcer à travailler pour soi.

Mais la dernière partie de ce raisonnement n'est point exacte; forçant un autre à travailler pour moi, c'est moi qui commets le premier un acte contre l'égalité; ne reconnaissant pas son droit à un objet qu'il a voulu rendre *sien* d'une manière quelconque, m'en emparant non en entier, ce serait prétendre à une préférence, mais concurremment avec lui, c'est seulement ne pas lui en accorder une je ne fais que ne pas adhérer à un acte premier, dont il est l'auteur et qui tend à violer l'égalité en établissant la propriété exclusive, c'est-à-dire, en me privant d'une chose, la matière du travail, à laquelle j'avais originairement droit comme lui. Dans le premier cas je détruirais l'égalité, dans le second je la maintiens ; la comparaison n'est donc pas juste.

Je laisse de côté l'incertitude dans laquelle jetterait cette question secondaire de savoir où le travail a fait assez pour constituer la propriété. Suffit-il qu'il soit commencé ? Faut-il qu'il soit fini ? Qu'est-ce qu'un travail commencé ? Qu'est-ce qu'un travail fini ? Ce qui ne l'est pas pour un but l'est pour un autre ; le plus léger déplacement peut être dans certains cas un travail fini, dans d'autres ne pas être même un travail commencé. Qui déterminera les buts, les cas différens ? En outre, chacun peut-il travailler indéfiniment, s'acquérir indéfiniment des titres de propriété exclusive, éloigner ainsi tous autres d'une chose commune ? Quelle sera la limite de

cette faculté? Qui la fixera? sera-ce le besoin? qu'entend-on par ce mot? qui expliquera où s'arrète le besoin? Le supposant expliqué, le restreindra-t-on à l'individualité?
ou bien chacun pourra-t-il travailler, acca-
parer aussi pour la famille? née ou à naître? etc., etc. Je ne finirais pas si je voulais
seulement énoncer les difficultés.

On ajoute : « chaque homme propriétaire
de ses facultés a seul droit à leur emploi et
par conséquent à leur produit. Ce produit
n'est qu'une espèce d'extension de la personne
et par conséquent aucun autre ne peut y
prétendre.

Mais l'homme né produit pas, ne crée pas ;
il ne peut même avoir idée de la création,
c'est-à-dire de l'acte qui consiste à faire de
rien quelque chose ; tout son pouvoir se borne
à modifier, c'est-à-dire à faire une autre
chose avec une chose première. Il faut donc
toujours une chose première : or, celle-ci fait
partie de la masse à laquelle, en vertu de
leur égalité, tous ont un droit égal et dont

par conséquent aucun ne saurait être exclu. Qu'après s'en être emparé, un individu lui fasse subir des changemens qui en augmentent la valeur, qui même lui en donnent quand elle n'en avait pas ; que d'un objet inutile, peut-être même nuisible, il en fasse un utile, cela ne change pas la question ; la nature de la chose la suit dans toutes ses formes ; la massue, la cabane sont toujours du bois, c'est-à-dire, un objet grevé du droit de tous ; ce droit n'a pu, ni antérieurement ni postérieurement à la mise en œuvre, se perdre sans leur consentement.

En vain, restreignant la prétention de droit exclusif, on la bornerait au cas si difficile à déterminer, où tous les autres individus auraient les moyens de se procurer sans peine une matière première, semblable à celle travaillée par l'un d'eux : on ne serait pas plus fondé ; l'inutilité d'un droit n'en détruit pas l'existence : mon droit est, il suffit ; utile ou non, il ne peut cesser d'être que par ma renonciation.

Ce serait bien le lieu d'exposer les opinions qu'ont émises à ce sujet les divers jurisconsultes , et notamment les jurisconsultes romains ; mais cet examen me mènerait trop loin.

Je ne puis cependant m'empêcher de faire observer ici que beaucoup de jurisconsultes romains ont reconnu dans des cas particuliers et dérivés un principe dont ils n'ont point fait l'application au cas général et primitif. J'en citerai pour exemple *la loi* 7. §. 7 *ff. de Acquir. rer. dom.*, *et le* §. 25 , *Inst. de Rer. divis.*, concernant à la spécification. Voici la question : Si un individu fait en son nom et pour lui-même une espèce avec une matière première appartenante à un autre , quel est le propriétaire de cette espèce, *cùm quis ex alienâ materiâ speciem aliquam suo nomine fecerit?* On supposait même le cas où il était de bonne foi , c'est-à-dire ignorant que cette matière fût à autrui , *putà ignorans et bonâ fide*, 12 , §. 3 , *ff.*, *ad Exhibendum.* Contre l'avis de Nerva et de Proculus qui , d'après les principes de la secte stoïcienne, pensaient que l'essence des choses consiste dans la forme, *forma dat esse rei*, que dès-lors celles qui ont changé de forme sont censées avoir péri, que sous la nouvelle forme elles sont véritablement de nouvelles choses appartenantes au nouveau propriétaire, *quia quod factum est antéà nullius erat*, contre cet avis, dis-je, Sabinus et Cassius n'hésitèrent pas à affirmer que la raison naturelle donne au propriétaire de la matière l'espèce faite avec elle, parce que sans cette dernière on n'aurait pu faire d'espèce, *quia sine materiâ nulla species effici possit.*

Comment, si près de la question de la propriété primordiale, avec ce principe qui la résout, les jurisconsultes romains ont-ils pu le méconnaître dans la division qu'ils ont faite des manières d'acquérir. Je reviendrai sur ce sujet dans le chap. 2 du tit. 4.

Convention.

Généralisant le principe que la nature de la chose la suit sous toutes ses formes et dans toutes les circonstances, et partant de la communauté naturelle et de l'égalité entre les hommes, je dis qu'aucun, par aucune manière, dans aucune circonstance, n'a pu acquérir sur aucune chose de titre exclusif sans le consentement des autres, et que dès-lors la propriété exclusive, c'est-à-dire simplement la propriété, ne peut exister sans convention.

On voit donc d'après ce titre, comme je l'ai annoncé dans le premier, chapitre 2, section 3e., que les obligations de l'homme en non-société à l'égard de ceux qu'il rencontre, tant pour les personnes que pour les choses, ne peuvent être que prohibitives.

TITRE TROISIÈME.

De l'Homme en société.

Lorsque des hommes veulent établir des rapports entre eux, du non-sujet de préférence [entre [des objets égaux et de [l'égalité entre les hommes il suit cette conséquence fondamentale de tout droit ;

Dans tout acte , soit de chacun vis-à-vis de chacun , soit de tous vis-à-vis de chacun ou de chacun vis-à-vis de tous, les droits seuls sont à considérer indépendamment des personnes.

De-là vont découler tous les droits et tous les devoirs de l'homme en société.

CHAPITRE PREMIER.

De l'Homme en société relativement aux personnes.

SECTION Ire.

Rapports entre les individus.

Chacun doit ne pas préférer son intérêt à celui d'autrui ; mais rien ne l'oblige à préférer celui d'autrui au sien.

Je ne parle ici que du cas premier et gé‑
néral, de celui qui n'est modifié ni par des
conventions, ni par des circonstances formant
des engagemens qui, pour être tacites, n'en
sont pas moins sacrés. Je traiterai plus bas
de ces cas particuliers. Mais, en thèse géné‑
rale, le sacrifice de son intérêt à celui d'autrui
ne saurait être un devoir ; quelques moralistes
l'ont exigé, tous l'ont loué ; on fait très‑bien
de l'encourager ; il faut souvent demander le
plus pour avoir le moins, et l'on a la certi‑
tude que le précepte ne sera guère outré dans
l'application.

Sentiment de préférence pour soi‑même.

C'est même cette certitude de ne pas réus‑
sir complètement qui peut engager à se décla‑
rer toujours et sans distinction contre le
sentiment de préférence pour soi ‑ même ,
sentiment dont l'oubli n'est à souhaiter que
dans certains cas , dans ceux de conven‑
tions faites ou à faire, formellement ou taci‑
tement. On n'attaque le penchant que pour

corriger sa trop grande extension ; car ce serait bien à tort qu'on desirerait le voir entièrement détruit ; il n'en est pas de plus utile. A qui le soin de la conservation de chaque individu pouvait-il être mieux confié qu'à celui qui connaît le mieux les besoins de cet individu, c'est-à-dire à lui-même ? (a)

SECTION II.

Rapports entre la Société et ses membres.

Unanimité pour la formation de la société.

DE ce qu'aucun, ainsi que nous l'avons démontré ch. 2 tit. Ier. n'est forcé d'avoir des rapports avec les autres, il suit que la formation de la societé suppose l'unanimité, comme l'a développé Rousseau dans son *Contrat social, liv.* 1, *chap.* 5, mais comme l'avait indiqué avant lui Puffendorff dans son *Traité des devoirs de l'homme et du citoyen, liv.* 2, *chap.* 6, chapitre profondément pensé, logiquement présenté, qui con-

____

(a) Voir la note 2.

tient presque toute la substance du *Contrat social*, et que l'auteur de ce dernier aurait bien dû citer (*a*).

Aussujettissement égal aux conventions après la formation de la société.

Une fois la société établie, de ce que tous les membres sont égaux dérivent les conséquences suivantes :

1°. Tous sont assujettis à une observation égale des conventions particulières ou générales, expresses ou tacites.

Ce qui est nécessaire pour constituer les Lois.

2°. Relativement à ce qui est nécessaire pour constituer une convention générale et expresse, ou en un seul mot une *loi* : le plus grand nombre d'avis doit l'emporter, et, sauf conventions contraires, la simple pluralité suffit pour toutes les lois postérieures à celle de l'établissement social.

____

(*a*) Voir la note 3.

La réunion de tous les membres étant nécessaire pour composer un corps, celle de
tous les particuliers pour composer la société,
on sent que ses décisions ne sont conventions
générales ou lois, qu'autant que tous y ont
été appelés et dès-lors qu'autant qu'elles sont
de tous vis-à-vis de tous ; car si elles sont de
tous les autres vis-à-vis de quelques-uns seulement, les opinions de ces derniers n'ont pas
été comptées, leur absence de la réunion l'a
empêchée d'être au complet, il n'y a pas eu
pour eux de société, et dès lors pas de décision de société, pas de loi. L'individu ou les
individus vis-à-vis desquels la société agit alors
forment un tout, en rapport avec un autre tout :
S'ils adhèrent à la décision des autres, c'est
un traité qui a lieu ; s'ils s'y refusent, c'est
un acte hostile fait contre eux.

Tel est le sens que je donnerai au mot
loi, lorsque je l'emploierai pour désigner les
décisions d'une petite société ou de la grande
société. Mais il est clair que ces décisions ne
sont pas les seules qui obligent les sociétaires,

qu'ils sont aussi astreints à celles des mandataires de la société, tant que ces derniers ne
s'écartent pas de leur mandat, puisqu'alors
elles ne sont que celles de la société même.

Base sur laquelle doivent être fondées les Lois.

3°. Relativement à la base à donner aux lois :
elles doivent être fondées sur le plus grand
nombre d'intérêts, ou, en un seul mot, sur
l'intérêt général, car nous avons vu que, sauf
conventions contraires, la pluralité doit être
considérée comme généralité ; dès-lors, quels
que soient les titres qu'il plaise aux autres
sociétaires d'accorder à un ou à plusieurs d'entre
eux, comme ils ne le font que pour l'intérêt de
la société, et par conséquent seulement tant
que cet intérêt l'exige (*a*), et qu'ainsi ces titres
ne changent pas la valeur intrinsèque de ces
individus, il s'ensuit que le bien-être du dernier et celui du premier de l'ordre social
méritent une égale attention, chacun d'eux

(*a*) Voir la note 4.

n'étant qu'une unité dans le total de la société (a).

Quand je dis que le bien-être du premier de l'ordre social ne mérite pas plus d'attention que celui du dernier, j'entends parler des cas extrêmement rares, si toutefois il en existe, où le bien-être et le mal-être de l'individu se trouveraient ne concerner que lui seul: autrement l'état du premier de l'ordre social intéresse beaucoup plus que celui de tout autre, non pas parce que sa personne vaut plus qu'une autre, mais parce que la société entière se trouve par contre-coup affectée du mal qui lui arrive. Ainsi l'existence et la santé d'un roi sont bien autrement précieuses que celles d'un simple citoyen ; la première, parce que les changemens de rois occasionnent presque toujours des dérangemens dans l'état des choses ; la deuxième, parce que ses momens sont employés, je suppose qu'un roi est ce qu'il doit être, à une surveillance géné-

______

(a) Voir la note 5.

rale : mais imaginons un mal qui affecterait un individu sans abréger ses jours et sans l'empêcher de vaquer à ses occupations, peu importe que ce mal arrive au roi ou au simple citoyen.

Egalité politique.

C'est ici le lieu de dire un mot sur l'égalité politique.

Nous avons vu au titre premier que du principe d'égalité bien entendu résulte l'inégalité entre les hommes, puisque tous sont doués de qualités inégales ; que cependant cette différence ne donne à aucun des titres sur un autre, tant que ce dernier ne réclame pas l'emploi des facultés du premier, parce qu'auparavant les facultés de celui-ci sont nulles pour l'autre ; qu'ainsi, jusqu'à ce moment, tous les hommes doivent voir en eux des êtres égaux.

D'un autre côté, comme la société a besoin des facultés de tous, comme les facultés différentes procurent des avantages différens, comme chacun a le droit d'exiger l'équi-

valent de ce qu'il donne, il suit que la société, pour être juste, devra prendre en
considération les qualités de chacun, lui accorder des avantages différens, proportionnés
à ceux que ces qualités occasionneront à la
société ; qu'ainsi les rapports de la société
aux particuliers et des particuliers à la société,
seront basés sur les mêmes principes que ceux
des particuliers entre eux, c'est-à-dire non sur
le principe d'égalité absolue entre les individus, qui est aussi faux en théorie qu'impossible en pratique, mais sur celui d'un droit
égal à la proportionnalité entre les avantages
procurés et les avantages réclamés.

D'après cela, en quoi consistera donc l'égalité politique ?

S'agit-il des rapports de la société aux membres et des membres à la société ? Cette égalité consistera dans un droit égal à une distribution d'avantages non pas égale pour tous
les individus, mais proportionnelle aux qualités, et par conséquent inégale.

S'agit-il des rapports des particuliers entre

eux? Elle consistera dans un droit égal pour tous à une protection égale pour leurs avantages différens.

Mais s'il est vrai que tout être, complexe ou simple, société ou particulier, est seul juge de ce qu'il lui convient de rechercher, il en résulte qu'il peut préférer qui bon lui semble; que dès-lors si chacun est en droit d'exiger l'équivalent de ce qu'on lui demande, il n'est jamais en droit d'exiger qu'on lui demande rien pour avoir lieu de faire cette espèce de traité; qu'ainsi aucun individu, quelles que soient ses facultés, n'a jamais le droit de se plaindre de ce que la société ou des particuliers ne l'emploient pas, ne lui donnent pas occasion de mériter des préférences, et n'ont pas égard aux moyens qu'il aurait d'y parvenir.

En outre, pour ce qui concerne les rapports de la société aux particuliers, ce droit d'exiger l'équivalent de ce qu'on donne, peut être modifié : au droit qu'elle a de récompenser seulement les qualités qu'elle emploie, et

d'employer seulement celles que bon lui
semble, on peut convenir d'ajouter ceux de ne
ne pas être refusée quand elle demandera, de
donner de chaque emploi de faculté le prix
qu'elle voudra, ou même d'être dispensée d'en
donner aucun prix, de se servir dès-lors de
tous les membres sans faire aucune différence
entre eux, ou en les différenciant, en les
classant, comme il lui conviendra. Ce sont
alors des dérogations au principe d'égalité tel
que nous l'avons démontré ; c'est la substitution du principe d'égalité entre des individus
au principe d'égalité entre des qualités ; ce
sont des conventions postérieures, par lesquelles les possesseurs des plus nombreuses
et des plus importantes qualités abandonnent
leurs droits ; ou mieux, ce sont des conventions par lesquelles tous, sentant la nécessité
de leur part d'être dévoués à la société, et la
difficulté, quelquefois même l'impossibilité,
de la sienne d'établir ainsi des règles de pro-
portions, consentent à se donner sans réserve,
et à n'être plus considérés tous que comme

des individus sans droits différens et dont la valeur par rapport à la société sera fixée et récompensée au gré de cette dernière.

Ces conventions sont même celles que fait présumer l'état de société, ainsi qu'on le verra en rapprochant ce qui a été dit tit. Ier. chap. 2, fin de la 1re. sect. et sect. 3, 4°., avec ce qui sera dit au tit. III, chap. 1, sect., 5[c]. au commencement du §. 2, mais quelles que soient les conventions adoptées, quel que soit le mode choisi pour la classification des individus, mérite, âge, sort, richesse, naissance, il n'en est pas moins vrai que ce mode est le résultat d'un consentement égal de tous, pouvant être changé par une nouvelle volonté; qu'il ne détruit en rien l'égalité politique; et que, si l'égalité politique ne peut faire que personne ne commande et que personne n'obéisse, car dans toute société il faut des mandataires chargés de faire exécuter la volonté générale, elle fait du moins, suivant les expressions de Montesquieu, *Esprit des lois*, *liv.* 8 , *chap.* 5 , qu'on n'obéit et qu'on ne commande qu'à ses égaux.

Dans tous les cas, ces conventions, ne concernant pas les rapports de particuliers à particuliers, n'empêcheront pas que le principe d'égalité ne subsiste entre ces derniers relativement aux qualités et non relativement aux individus, et que dès-lors chacun ne recueille avec justice dans ses rapports avec les autres, des fruits différens selon les valeurs dont ses différentes qualités seront pour eux. Un effet contraire ne saurait se fonder que sur une nouvelle convention de dérogation au principe naturel d'égalité relativement aux qualités, sur une loi particulière et expresse.

SECTION III.

Fidélité aux engagemens, première vertu de l'homme en société.

Après cette digression sur l'égalité politique, reprenons le fil de nos principes.

Nous avons vu dans la section précédente que les engagemens sont également obligatoires pour tous, et comme ils sont les liens sans lesquels les rapports ne pourraient subsister, il s'ensuit que la fidélité aux engagemens est la première vertu de l'homme en société.

En outre, comme les engagemens sur lesquels est formée la société sont les plus anciens et par conséquent ceux auxquels on a promis de subordonner ses actions, il en résulte que toute autre vertu doit céder à l'observation des lois; l'action qui m'est dictée par la loi me parût-elle mauvaise, je serais coupable de m'y soustraire; mais si je veux rester vertueux, je dois cesser de faire partie d'une société qui veut me contraindre à commettre une action que je trouve blâmable.

Il est bien difficile, dira-t-on, de cesser de faire partie d'une société à laquelle on est attaché par tant de liens: je n'en disconviens pas; mais la difficulté de l'exécution ne saurait être un argument contre l'existence du devoir: au surplus, il est bien peu de cas, s'il en est, où le devoir commande une telle séparation. Je ne crois pas que cela puisse arriver chez un peuple d'une civilisation avancée, en n'entendant toujours par le mot *loi* que ce qu'on doit entendre, c'est-à-dire, comme nous l'avons expliqué, les volontés générales et non celles d'un parti quelconque. Un mot sur le mérite ou la culpabilité des actions expliquera cette assertion.

Règle à observer pour juger des actions.

Pour être bien jugée, une action doit, comme toute autre chose, être examinée sous toutes ses faces, sous tous ses rapports ; telles choses bonnes en elles-mêmes deviennent mauvaises, telles mauvaises deviennent bonnes par leur rapprochement ; souvent au moyen de leur union deux substances saines forment un poison, deux mal-saines un reméde, deux belles couleurs une bigarrure choquante, deux moins belles une alliance agréable : il en est de même des actions ; telle action qui, isolée, sera fort louable, devient coupable par sa combinaison avec d'autres ; telle qui serait coupable devient louable par la même cause.

Veut-on un exemple pour rendre cette proposition plus frappante ? La générosité, si louable chez un homme qui n'a pas de famille , devient blâmable chez celui qui en a une. Abandonner ce que je possède afin d'obliger un ami , voilà une belle action , si toutefois je conserve assez de ressources, industrielles ou autres , pour ne pas tomber à la charge de la société ou de quelques individus ; car alors je ne donnerais aux uns qu'en enlevant aux autres , et mon action deviendrait répréhensible (a) : mais quand j'ai une femme , des enfans , un père , une mère qui ont besoin de mes secours et droit à ces secours , cette action qui les en prive est une action condamnable.

Ce sont ces considérations qui font souvent prohiber ou encourager par les lois tel ou

---

(a) Voir la note 6.

tel genre d'action. La loi, qui n'est que l'expression de la volonté générale, ne peut
avoir pour but que l'intérêt général : la morale a aussi pour but le plus grand bien possible, c'est-à-dire, dans le cas dont il s'agit,
le bien-être du plus grand nombre : elles
doivent donc nécessairement concorder. Mais
les lois positives ne peuvent s'occuper que des
cas généraux, tandis que la morale s'exerce à
chaque instant sur des cas particuliers, que les
lois ont été forcées de sacrifier ou de négliger; la morale doit donc alors remonter aux
considérations élevées, juger ces cas particuliers avec le même esprit qu'elle jugeait
les cas généraux, quand il s'est agi d'établir la
loi, et ne pas hésiter à faire une action qui,
blâmable isolément, devient, par son rapport avec d'autres, une action louable dans
l'intérêt de la société.

SECTION IV.

Engagemens tacites.

Nous avons montré que la première vertu de l'homme entrant en société, est la fidélité à ses engagemens, d'abord aux lois qui sont les engagemens premiers de chaque sociétaire, et ensuite aux traités particuliers qui sont des lois pour les contractans. Mais le principe de la fidélité à ses engagemens se borne-t-il à l'exécution des lois et des traités formels ? Alors combien le nombre des vertus serait limité ! Ce principe n'ordonne-t-il pas au contraire beaucoup d'autres qualités que les lois n'ont pas pu prévoir ou n'ont pas dû exiger ? Alors la morale, que nous avons vue ne devoir jamais fronder les lois, ne doit-elle pas y suppléer ? C'est ce dont on ne saurait douter pour peu qu'on y réfléchisse.

L'homme en venant au monde est dans l'état de société, ne fût-ce qu'à l'égard des auteurs de ses jours : parvenu à l'âge de se conduire lui-même, s'il reste dans la société où il se trouve, ou s'il fait partie d'une autre quelconque, petite ou grande, de famille ou d'état, c'est parce qu'il compte y jouir d'un sort plus doux que dans l'isolement ; ce sort plus doux ne peut lui venir que de l'aide de ses semblables : l'association se forme donc sur le motif et à la condition d'aide réciproque ; ou autrement, du moment que j'entre dans une société, j'y contracte l'obligation d'en aider les autres membres, et j'y acquiers par conséquent le droit d'exiger leur aide ; et comme un engagement conçu d'une manière générale embrasse tous les cas, comme il n'admet d'exceptions que celles qui sont formellement exprimées, il en résulte que je dois dans toutes les circonstances donner mon assistance aux autres membres de la société, que dès-lors les lois ne sont pas restrictives mais explicatives de cette obligation ; qu'en spécifiant certains cas elles n'excluent pas les autres ; qu'elles indiquent au contraire par l'exemple

de ceux qui sont spécifiés la marche à suivre
pour ceux qui ne le sont point, c'est-à-dire
pour le plus grand nombre, car elles peuvent atteindre seulement les cas faciles à dé-
mêler; enfin que la législation écrite n'est
qu'une branche de la législation non écrite, de
la morale; que si on n'est pas honnête homme
en n'observant pas les lois, on ne l'est pas
non plus en n'observant qu'elles, et qu'il faut
pour mériter ce titre remplir encore l'obligation d'assistance générale.

Je viens de dire que toute association se
forme sur le motif et à la condition d'aide
réciproque : il n'est pas besoin d'ajouter que
je parle seulement des cas où tous les hommes
réunis le sont librement; or ces cas sont les
plus rares au premier moment des réunions;
car l'Histoire montre que toujours les grandes
sociétés et souvent les petites s'instituent
comme elles se dissolvent, au moyen de la vio-
lence exercée de la part de quelques individus
sur les autres, et non au moyen de délibérations libres de la part de tous; effet na-

turel de la disposition que chaque homme
éprouve à abuser de ses forces. Dans ces derniers cas il est évident que relativement à
ceux qui sont ainsi contraints, il n'existe
pas à proprement parler de société, qu'il
existe seulement une domination; mais si
par la suite ils restent dans la réunion après
avoir acquis la faculté d'en sortir, alors commence pour eux l'association, alors les principes énoncés plus haut leur deviennent applicables.

On m'objectera que dans les cas où ce n'est
pas la force, c'est rarement encore un raisonnement calculé qui réunit les hommes,
que c'est un sentiment de sociabilité ou bien
un sentiment du besoin de l'instant, soit parce
que les premiers hommes ne sont pas en état
de faire un raisonnement, soit parce qu'en
général les hommes, surtout en masse, sen-
tent et doivent effectivement sentir plus qu'ils
ne raisonnent, et dès-lors agissent plus par
sentiment que par raisonnement.

Je n'en disconviens pas; mais je répondrai : si ces principes n'ont pas toujours lieu au moment du rapprochement, ils ont toujours lieu au moment de l'organisation de la société; que ce soit la force, le hasard, le sentiment de sociabilité, celui du besoin de l'instant, la prévoyance du besoin futur, la réflexion sur les moyens d'y subvenir, le calcul des biens que procurera et des sacrifices qu'exigera l'état de société, enfin n'importe quelles causes qui réunissent les premiers individus, il n'en est pas moins vrai que si chacun, quand il est libre, demeure dans la société, c'est afin d'en tirer des avantages quelconques ; que ces avantages peuvent exister seulement au moyen de l'aide mutuelle ; que la société ne saurait même s'organiser et se maintenir que par cette aide; qu'ainsi la démonstration de nos principes ne se trouve pas ébranlée.

Source des vertus actives.

L'obligation d'assistance mutuelle entraîne comme conséquences toutes les *vertus actives,*

humanité, générosité, etc., etc., en un mot
toutes les applications de la morale la plus
belle.

~~~~~~

SECTION V.

Dévouemens.

On demande s'il en résulte l'obligation de
se dévouer pour les autres, et il est clair que
le dévouement consiste tantôt à vivre, tantôt
à mourir, en un mot, à faire abstraction de
ce qui nous convient pour ne s'occuper que
de ce qui convient aux autres.

Quelquefois c'est un devoir, d'autres fois
c'est une action sublime; d'autres fois encore ce
pourrait être une faute; il est impossible de
répondre d'une manière générale à cette question. Distinguons donc les espèces et, pour
plus de facilité, divisons en deux classes les
dévouemens, dont les uns sont pour des individus et dont les autres sont pour la société
entière, pour la chose publique.
~~~~~~

§. Ier.

Dévouemens pour des individus.

Dévouemens pour de simples membres de la grande société.

L'engagement de s'entr'aider n'est pas celui de prendre sur soi tout le mal qui pourrait arriver à son semblable ; agir ainsi ne serait pas secourir un être souffrant, mais faire une substitution d'être souffrant ; aider n'est que prendre sur soi une partie du mal. De l'engagement d'aide il résultera bien l'obligation de s'exposer, mais non celle de se sacrifier pour un autre : qu'un sociétaire soit sur le point de périr, vous risquez votre vie pour conserver la sienne, vous prenez sur vous une incertitude de mal pour lui en éviter la certitude, vous ne faites que votre devoir ; mais qu'un coup lui soit destiné et que vous vous mettiez au devant de lui pour être frappé à sa place, vous faites plus que votre devoir.

Voilà pour les membres de la société en général, à qui vous ne devez que l'exercice

des lois formelles ou tacites, sous lesquelles
elle a été contractée.

Dévouemens pour des membres de sociétés particulières.

Mais vos devoirs augmentent à l'égard de
ceux avec qui vous êtes unis par des alliances
particulières, de nature ou de choix ; souvent
ces alliances exigent les abstractions personnelles, les dévouemens complets ; souvent si le
mouvement naturel y porte , d'accord avec
lui , la morale de raisonnement les commande.
Vos devoirs sont nécessairement plus éten-
dus vis-à-vis de ceux qui à la qualité commune de membres de la société générale
joignent encore l'autre qualité de membres de
sociétés particulières ; ces devoirs sont plus
ou moins grands selon la nature de ces sociétés ; mais, comme ceux de la grande , ils sont
basés sur le principe d'égalité , sur l'équilibre
entre les devoirs et les droits, étant toutefois
observé que le principe d'égalité ordonne
fréquemment de rendre beaucoup plus qu'on
n'a reçu. Cette proposition , paradoxale en

apparence, sera bien sentie par ceux qui ont réfléchi sur la reconnaissance, vertu si vantée, si peu pratiquée, je dirais presque si peu comprise.

Reconnaissance.

L'exercice de la reconnaissance n'est autre chose que l'exécution d'un engagement formé par l'acceptation d'un bienfait; c'est avec raison que l'Egypte l'honorait d'un culte particulier et la mettait au-dessus de toutes les autres qualités; car, ainsi que je l'ai dit plus haut, la fidélité aux engagemens est la première vertu de l'homme social. Je ne m'arrêterai pas pour prouver l'existence d'un devoir que personne ne révoque en doute et qui se trouve d'ailleurs expliquée par ce qui précède; mais il n'est peut-être pas inutile de dire un mot sur son étendue qui n'est pas généralement appréciée.

Combien de gens croient, quand ils en ont rendu un pareil, s'être acquittés d'un service reçu! Comptent-ils donc pour rien la priorité ? Celui qui oblige le premier fait souvent plus que son devoir, il donne : celui qui rend le service reçu ne fait que son devoir, il restitue. Pratiquer ainsi la reconnaissance n'est pas faire une bonne action ; c'est seulement éviter une bassesse ; et cependant l'on est presque réduit à louer ceux qui l'exercent ainsi en partie ! Pour l'exercer complètement, il faut souvent rende cent, mille pour un, beaucoup pour peu. L'étendue de l'obligation dépend de circonstances nombreuses dans lesquelles nous ne saurions entrer ici, de la peine que le service a coûtée à son auteur, des titres qu'on pouvait y avoir, des motifs qui ont décidé à le rendre, de la grâce avec laquelle il a été offert ou accordé, etc.

Dévouemens pour des alliés par nature.

Après cette explication de la reconnaissance, revenons aux cas de l'appliquer aux sociétés, aux liaisons particulières, celles de nature et celles de choix.

Par le mot *liaison de nature*, j'entends seu-

lement celle qui unit les descendans et les ascendans, les autres liaisons rentrant dans les
liaisions de choix si les individus se conviennent, et n'étant absolument rien s'ils ne se conviennent pas, puisque la nature n'a pas établi
de relations nécessaires entre des individus
autres que les descendans et les ascendans.

Quand les père et mère donnent la vie à un
enfant, ils n'ont sur lui de droits que ceux qui
résultent de leurs devoirs mêmes; ils ont le
devoir de l'élever, ainsi que je vais le développer, et ils ont, comme conséquence, le droit
de lui faire et de le forcer à faire ce qui est
nécessaire pour parvenir à ce but; ils ont le
devoir et le droit de vouloir et d'agir pour lui,
jusqu'à ce qu'il puisse vouloir et agir lui-même;
leurs droits ne sont que des moyens d'exécution, des conséquences de leurs devoirs. De
l'action de mettre un individu dans le monde
naît l'obligation de lui fournir les moyens d'y
subsister, jusqu'à ce qu'il puisse les trouver lui-
même. Sans aide, la vie serait un mal pour
l'enfant, puisqu'il périrait bientôt de besoin et

de douleurs ; avec l'aide , elle peut lui devenir supportable , quelquefois même agréable. L'aide tend donc à empêcher qu'on ne lui ait fait un mal en le mettant au jour.

Si les auteurs de son existence se bornent à placer l'enfant dans la position de pouvoir se suffire à lui-même, une fois parvenu à ce point, il ne leur doit rien, ils sont quittes l'un envers l'autre. Mais le sentiment de tout être animé pour sa géniture fait que les père et mère passent presque toujours ce point ; leur vie n'est souvent qu'une suite de soins , d'attentions, de travaux, de peines, de sacrifices pour leur enfant. Voilà sur quoi seulement doit être fondée la reconnaissance de ce dernier; et , pour égaler les bienfaits , elle doit souvent être sans bornes , car ces bienfaits , en outre de leur étendue , ont le mérite de la priorité qui en augmente la valeur.

Dévouemens pour des alliés par choix.

Il en est des liaisons de choix comme de celles de nature ; elles sont plus ou moins in-

times, exigent dès-lors plus ou moins de dévouement réciproque ; l'amitié, l'amour surtout, vont quelquefois jusqu'à préférer le bonheur d'un autre au sien (a) ; mais celui pour
lequel vous êtes dans ces dispositions, doit ou
se trouver dans les mêmes à votre égard, ou
cesser la liaison, ou vous faire voir clairement
les bornes de son attachement; sinon, il est injuste en mettant dans une union moins du sien
que vous ne mettez du vôtre.

On voit donc que dans les liaisons de choix,
comme dans celles de nature, il est quelquefois
du devoir de faire le bien d'un autre plutôt
que le sien propre, et de se sacrifier soi-même.

Parmi les liaisons de choix je range, comme
je l'ai dit, celles de parenté autres qu'entre
ascendans et descendans. En effet, elles ne
constituent aucune relation nécessaire de devoir ; les liaisons entre frères doivent être ba-
sées non sur cette qualité de frères, mais sur la

(a) Voir la note 7.

concordance qui existe entre les manières d'être.

On s'étonne de rencontrer rarement l'amitié entre les frères, *rara est concordia fratrum. Ovid. metam. lib.* I. Si je ne songeais au pouvoir de l'habitude sur les affections, je m'étonnerais au contraire de voir ce sentiment si fréquent entr'eux, parce qu'il semble ne pouvoir exister qu'entre des êtres bons , et que la plupart des hommes ne le sont pas, parce qu'il faut en outre que ces des êtres soient de bontés concordantes, car des êtres très-bons , comme des couleurs très-belles, peuvent ne pas concorder , enfin parce que des frères, ayant plus souvent que tous autres des rapports ensemble, ont plus souvent des occasions et même des causes de division. Il faut donc regarder comme naturel, non pas que deux frères s'aiment plus, mais qu'ils s'aiment ou qu'ils se détestent plus que d'autres individus, et cela parce qu'ils ont été à même de se connaître mieux , et de mieux asseoir leur jugement , leurs sentimens.

§. II.

Dévouemens pour la grande société.

Tout acte de société, comme tout autre, peut être fait suivant les conditions qui plaisent aux contractans; ainsi l'état en société n'entraîne pas *essentiellement*, comme l'ont prétendu plusieurs publicistes, l'abandon de sa personne et de ses biens à la chose publique; il serait très-possible de convenir qu'on n'y mettra que ses biens ou qu'une partie de ses biens; qu'on n'y mettra sa personne que pour telle ou telle action, jusqu'à telle ou telle circonstance; enfin le nombre des conventions est illimité.

Mais comme toute convention faite d'une manière générale embrasse tous les cas, comme la formation de la société entraîne, ainsi que je l'ai démontré, de la part des sociétaires, les conventions de s'entr'aider et de ne regarder chacun d'eux que comme une unité du total, dès-lors de subordonner tout autre intérêt à l'intérêt de la majorité, il s'ensuit qu'à moins d'exception contraire bien précisée, chacun se doit tout entier, personne et biens, à la société; mais on voit que si cet abandon est de *la nature*, il n'est pas de *l'essence* du contrat de société.

Dévouemens pour les chefs de l'Etat.

Avant de traiter des dévouemens pour la grande société, pour la chose publique, il n'est peut-être pas inutile de rappeler qu'il ne faut pas les confondre avec les dévouemens pour l'individu ou pour les individus placés à la tête de cette chose, préposés pour la gouverner.

Quel que soit le nom qu'on donne au gouvernant, il faut bien distinguer en lui deux hommes, l'homme privé et l'homme public.

A-t-il agi à votre égard comme homme privé, en son nom personnel? vos obligations envers lui sont fixées par le paragraphe précédent.

A-t-il agi comme homme public, comme homme de la chose publique? vos obligations sont envers l'être représenté et non envers le représentant, c'est-à-dire sont nulles vis-à-vis de lui et sont toutes vis-à-vis de la société ; elles vont alors être déterminées par ce paragraphe.

Est-il besoin d'un exemple pour jeter un nouveau jour sur une proposition si évidente ?

Un gouvernant vous donne un secours avec ses facultés personnelles ; il est ensuite détrôné, forcé de fuir : le service peut être tel que la reconnaissance vous impose l'obligation de le suivre, pourvu toutefois que vous soyez à l'égard de la société dans une position qui vous permette de la quitter.

Mais il ne vous a donné qu'une chose de l'Etat, une place ; alors vous êtes à son égard dans la même position que s'il n'avait rien fait pour vous, puisque vous devez vous décider, non par rapport à lui, mais par rapport à la société. D'après cela, non-seulement votre devoir ne vous oblige pas à le suivre, mais même il vous oblige à ne pas le suivre ; non seulement votre devoir ne vous oblige pas à quitter vos places, mais mêm il vous oblige à ne point les quitter, si vous ne croyez pas que l'intérêt de l'état le demande; car c'est l'Etat et non lui qui vous a placé; c'est à l'Etat et non à lui que vous vous êtes voué; c'est à l'Etat et non à lui qu'il faut l'être; c'est comme homme de la cité, comme citoyen et non comme homme d'un autre homme, comme esclave qu'il faut vous considérer.

A la vérité le gouvernant peut quelquefois prétendre à de la reconnaissance de votre part pour vous avoir choisi entre les autres individus; mais cette reconnaissance n'entraîne pas l'obligation de préférer sa personne à la chose publique, le mandataire qui distribue au mandant qui fournit; et comme, en prenant la qualité d'employé, vous ne perdez pas celle de citoyen; comme la première n'est même qu'un moyen de remplir les devoirs imposés par la seconde, il en résulte que vous ne devez être dévoué au gouvernant, mandataire, qu'autant qu'il ne nuit pas à l'Etat, mandant, au gouvernant que comme moyen de servir l'Etat, et non comme but principal. Pourquoi donc l'est-on en général si peu à l'Etat et le paraît-on si fort au gouvernant ? je l'ai dit plus haut : l'Etat fournit, et le gouvernant distribue.

Dévouemens pour la chose publique.

Arrivons maintenant à la question du dévouement pour la chose publique : sa solution sera facile d'après ce qui a été dit au commencement de ce titre.

De la part de simples citoyens.

Le sacrifice de sa personne pour la chose publique n'est un devoir que dans les cas où il est ordonné légalement (a) ; car si chacun s'est engagé à supporter les chances de tout sacrifice, même de celui de sa personne, aucun ne s'est engagé à les prendre sur soi de préférence, à se sacrifier plutôt qu'un autre.

Les compagnons de Léonidas, je parlerai plus bas de Léonidas lui-même, ne font que

---

(a) Je renvoie pour ce mot à l'explication donnée de la *loi* dans la section II de ce chapitre.

leur devoir en mourant aux Thermopyles : comme sociétaires, ils devaient obéir au chef choisi par la société ; comme soldats, ils devaient périr au poste qui leur avait été confié par leur général.

Mais Curtius, se dévouant aux dieux infernaux, fait plus que son devoir ; il attire sur sa tête seule un malheur qui planait également sur toutes, et dont rien ne lui enjoignait de s'offrir comme la victime.

Cependant on accorde, et l'on doit effectivement accorder, une admiration presque égale aux compagnons de Léonidas et à Curtius ; c'est que le mérite d'une action ne consiste pas seulement dans l'accomplissement du devoir, mais aussi dans la difficulté de l'exécution et dans le sacrifice qu'elle exige.

Du principe que tous se doivent entièrement à la chose publique, dérivent les deux conséquences suivantes :

1°. Le devoir ordonne à tous de mourir pour elle dès qu'ils seront désignés légalement, et ne l'ordonne à aucun avant cette désignation ; mais on sent que si par une loi il avait été décidé que chacun se dévouerait dès que son dévouement lui paraîtrait utile pour l'Etat, il ne serait point alors besoin de désignation ; tous se trouveraient soumis à l'obligation de se sacrifier par cela seul qu'ils verraient l'utilité du sacrifice.

2°. Comme il est des cas où le devoir commande de mourir, il en est où il commande de vivre.

De la part des chefs d'Etat.

Un chef est soumis plus que tout autre à ces deux obligations. Mis à la tête de l'Etat, il contracte l'engagement de faire tout ce qu'il croira le plus utile à cet Etat, sans attendre d'ordre particulier que personne ne saurait lui donner, puisque c'est au contraire lui qui doit en donner à tous.

Léonidas, si digne de nos éloges, eût mérité le blâme en se conduisant autrement qu'il ne l'a fait.

Mais par la même raison que les chefs sont

coupables dans certains cas en conservant leur personne, ils le seraient dans d'autres en ne la conservant pas. On conviendra que s'il est des devoirs qu'ils oublient, il en est d'autres qu'ils pratiquent bien exactement; car, si les annales de l'Histoire offrent beaucoup de chefs qu'on pourrait accuser du premier genre de faute, elles en montrent bien peu auxquels on pourrait reprocher le second.

J'en pourrais cependant citer un. Hatem, seigneur de la ville de Khader, traversait déguisé le territoire d'Anzirate; un prisonnier chargé de fers le reconnut : « ô Hatem, lui dit-il, la captivité et la vermine m'ont rongé. » Mon ami, répondit le prince, il ne fallait pas me nommer dans une terre étrangère. » Cependant il le fit déchaîner et prit ses liens. Etant connu, il resta dans les fers jusqu'à ce qu'il eût payé une très-forte rançon. (a)

Analysons ce trait. La captivité de Hatem devenait nuisible à ceux de Khader, qui se trou-

---

(a) Vie de Mahomet par Savary.

vaient tout-à-coup privés de leur gouvernant :
or , Hatem se devait à ceux de Khader plutôt
qu'à ce prisonnier , d'abord parce qu'ils étaient
plusieurs et que le prisonnier était seul , ensuite
parce qu'ils étaient ses concitoyens et que ce
prisonnier lui était étranger , enfin parce qu'il
était leur gouvernant et par conséquent double-
ment obligé à leur égard ; en outre, plus grand
était son rang, plus grande serait sa rançon, c'est-
à-dire , la perte occasionnée à ceux de son état :
son action était donc utile à un seul à qui il ne
se devait pas , nuisible à plusieurs à qui il se
devait, et par conséquent elle était blâmable : ou
plutôt, elle l'eût été s'il eût fait toutes ces réflexions ; mais il ne les fit pas ; il n'écouta qu'un
premier mouvement, il ne vit en lui qu'un
homme pouvant en soulager un autre, il s'ou-
blia pour ne songer qu'à l'être souffrant : s'il
mérite des reproches pour avoir oublié sa qualité , combien ne mérite-t-il pas d'éloges pour
s'être ainsi conduit en s'oubliant ; s'il fit une
faute, qu'il est beau d'"en faire de pareilles !

SECTION VI.

Faculté de quitter la société.

APRÈS avoir vu quels sont les devoirs et les droits de l'homme à l'égard d'une société, petite ou grande, particulière ou générale, de quelques individus ou de l'Etat, voyons si un membre d'une société peut, quand bon lui semble, cesser d'en faire partie.

On sent que cette question sera susceptible de solutions différentes selon les circonstances où l'homme sera placé.

§. Ier.

Relativement à des sociétés particulières, à des individus.

Les père et mère, l'enfant, les époux, le débiteur, l'ami, chargés d'obligations, ne doivent-ils pas avant de rompre leurs rapports avec les êtres vis-à-vis de qui elles ont été contractées, se libérer de ces obligations, dont l'existence est absolue, c'est-à-dire, indépendante des résolutions de l'individu, ne reconnaissant d'autre obstacle que l'impossibilité, et dès-lors ne s'anéantissant point par un changement volontaire de position ?

Relativement à la grande société, à la chose publique.

De la convention générale d'association, il résulte, comme je l'ai démontré dans la section précédente, que chacun se doit tout entier à la société dont il est membre ; mais il ne résulte point qu'il soit obligé dans tous les cas à continuer de faire partie de la société plus long-tems qu'il ne lui convient. Pour s'en convaincre, il faut examiner la question à l'égard des premiers hommes formant une société, et à l'égard de ceux qui se trouvent ensuite dans une société toute formée, ce mot *société* étant pris ici comme synonime de *corps social*. Quant aux sociétés particulières, leurs règles à ce sujet viennent d'être fixées.

Pour les fondateurs, on doit, ainsi que je l'ai développé dans la quatrième section, partir du principe que s'ils forment une société, c'est afin d'y rencontrer plus d'avantages qu'ils n'en avaient sans elle ; c'est là leur seul but. Comment pourront-ils y parvenir ? Ils tentent plusieurs moyens, c'est-à-dire, plusieurs modes d'organisation, plusieurs lois : ces modes, ces lois ne sont pris que comme moyens, comme essais, et peuvent par conséquent être abandonnés chaque fois qu'on en reconnaît l'insuffisance. La société peut alors les changer, car l'existence de ce qui est fait par elle et pour elle seule ne dépend que de sa volonté, puisque nul être moral ou autre ne saurait être lié vis-à-vis de lui-même : à l'égard de chacun des sociétaires, il n'a pas le droit de changer ce qui convient aux autres ; mais, n'ayant consenti à faire partie d'une corporation que dans un but qui n'est pas atteint, sous une condition qui n'est pas remplie, dans l'idée d'améliorer son sort, les lois ayant été portées comme lois qui doivent gouverner les membres de la société, et non comme lois qui doivent forcer aucun à en être membres, ou, en d'autres termes, étant d'obligations tant qu'on reste dans la société, et non pour y faire rester, chacun peut la quitter s'il le juge à propos, sous les réserves toute-fois dont nous parlerons plus bas.

Il ne faut pas objecter le principe que l'erreur dans les effets qu'on avait espérés d'un contrat n'autorise pas à le rompre ; ce principe n'est vrai que pour les contrats faits d'une manière absolue et définitive, sans égard au résultat, sur l'exécution desquels chacun a compté de la part des autres, et qui par conséquent obligent dans tous les cas, mais non pour les contrats faits d'une manière relative, conditionnelle, comme moyens, comme essais, et qui par conséquent n'obligent un contractant vis-à-vis des autres qu'autant qu'il veut que les autres soient obligés vis-à-vis de lui.

Cette faculté de quitter la société a été reconnue par les meilleurs publicistes, même par ceux qui cherchaient le plus à faire des titres aux chefs de la société, par Grotius lui-même, qui refusait à cette dernière le droit de changer les règles qu'elle s'était données (a).

Or si les fondateurs peuvent sortir d'une société dont ils ont établi les règles, ce droit ne doit-il pas exister à plus forte raison pour ceux qui se trouvent dans une dont ils ne sont pas les auteurs? N'ont-ils pas toujours en outre le droit d'examiner, quand ils le veulent, le mode d'organisation qu'ils ne connaissent pas, d'en peser les charges et les avantages? Il n'y a point de délai limité pour l'exercice de cette faculté. Quel que temps que j'aie consenti aveuglément à rester membre d'une corporation, je n'ai pas perdu le droit d'ouvrir ensuite les yeux à la lumière.

De plus, dans toute société il s'opère presqu'à chaque instant des changemens essentiels dans les lois; on ne saurait m'opposer mon adhésion à un acte quand depuis on a fait la moindre addition, la moindre soustraction, le moindre changement dans les bases; ce n'est plus celui auquel j'ai souscrit; c'en

____

(a) Voir la note 8.

est un autre, plus ou moins ressemblant, mais ce n'est plus le même.

Chaque sociétaire peut donc sortir de la société et s'affranchir des devoirs en renonçant aux droits.

Circonstance prohibitive.

Mais le peut-il dans tous les instans, dans toutes les circonstances ? La négative est hors de doute : il a joui des avantages et s'est obligé aux charges ; il ne peut donc se libérer de ces dernières en s'éloignant lorsqu'elles lui seront imposées ; celui qui agirait ainsi ne serait pas un sociétaire dissolvant une société, mais, comme le disait Rousseau, un débiteur refusant un paiement : il n'est donc en droit de quitter la société que dans le cas où elle n'exige point son assistance.

Cependant il faut ajouter, je crois, à cette condition les modifications suivantes, qu'ont négligées les auteurs ; savoir : 1°. que cette assistance n'ait rapport qu'à des choses décidées antérieurement, auxquelles il aurait déjà

adhéré soit formellement par une déclaration
expresse , soit tacitement en en recueillant les
avantages , et non à des projets nouveaux,
auxquels il pourrait refuser de consentir ;
2°. qu'elle ne soit demandée qu'avec justice ,
soit relativement à des tiers, car , ainsi qu'il
a été dit au commencement de la 3e. section ,
il devrait se refuser à une injustice et s'éloigner
de la société dans le cas où elle voudrait le
contraindre à y participer ; soit relativement à
lui , car nous avons vu plus haut que rien ne
l'oblige à souffrir une lésion , et que , un droit
étant toujours correspondant à un devoir, le
priver de l'un c'est l'exempter de l'autre.

Injustice commise vis-à-vis des sociétaires

Par rapport au sociétaire , l'injustice peut
être commise d'une manière générale ou d'une
manière individuelle.

D'une manière générale, si le gouvernement,
abusant de la puissance qui lui est confiée ,
prive tous les citoyens d'un droit qu'ils ont
stipulé dans leurs lois, ou s'il en exige des

sacrifices qu'ils ne lui ont pas accordé le pouvoir de demander.

D'une manière individuelle, si, sans motif particulier, on impose à l'un une charge dont tous les sociétaires ne sont pas également grevés : comme il n'est assujetti qu'aux lois, c'est-à-dire aux conventions générales auxquelles il a coopéré, comme tout autre ordre n'est pour lui que celui d'un corps étranger, comme on fait à son égard un acte arbitraire et par conséquent injuste, il peut alors se séparer de la société, quelque besoin qu'elle ait de lui.

Mais il faut pour cela qu'on lui ait imposé, ainsi qu'il vient d'être dit, une charge particulière; il ne suffirait pas qu'on lui eût fait l'application particulière d'une charge qui planerait sur tous, mais qui devrait se fixer seulement sur un ou sur plusieurs : tous les sociétaires se sont soumis à courir la même chance; lorsque les individus choisis par tous, c'est-à-dire par lui aussi, pour faire l'application de cette charge, les gouvernans, désignent un sociétaire, il ne peut refuser d'obéir;

c'est le cas des soldats auxquels leur chef assigne des postes différens : chacun a promis d'accepter celui qui lui serait indiqué.

SECTION VII.

Suicide.

CETTE discussion nous mène naturellement à celle du suicide.

Quand l'homme se trouve dans l'état de non-société, en donnant à ce mot le sens que nous lui avons attribué 3e. sect. chap. 2 tit. Ier., c'est-à-dire celui d'isolement complet ; quand dans cet état, comme nous l'avons montré chap. 1er. titre II, il ne doit rien à personne, quand sa vie lui appartient entièrement, quel motif pourrait lui faire un devoir de ne pas disposer d'une chose à laquelle aucun autre que lui n'a de droit ?

Quand il se trouve dans l'état d'une société, petite ou grande, le moyen par lequel il cesse

d'en faire partie est indifférent pour elle ; la seule chose qui intéresse cette société c'est de savoir s'il en sort ou s'il y demeure, s'il a ou s'il n'a pas le droit d'en sortir.

Il est, ainsi que nous l'avons vu dans la section précédente, des obligations qui assujettissent l'homme seulement tant qu'il reste dans une société ; il en est d'autres qui l'assujettissent au point de le forcer à y rester.

On doit faire entre elles la même distinction relativement à la vie, et l'on ne peut répondre d'une manière générale à cette question répétée tant de fois : « Le suicide est-il une action bonne ou une mauvaise ou une indifférente ? »

Cette action doit être jugée comme toute autre. Elle est bonne quand elle est dictée par le devoir comme accomplissement d'une obligation, et à plus forte raison quand elle l'est par un sentiment d'abstraction personnelle, de dévouement, sans obligation ; elle est mauvaise quand elle a lieu avant l'accomplissement d'obligations contractées soit envers des individus , soit envers la société : enfin elle est indifférente quand un sentiment de dévouement ou le devoir n'y porte pas, et quand le devoir ne le défend pas.

Voici des exemples de ces cas divers :

1er. Plaçons M. Scœvola dans la position suivante : Les Romains , assiégés , conviennent qu'un d'entre eux désigné par un mode légal ira tuer Porsenna, et , s'il le manque , se tuera devant lui, pour l'effrayer en lui montrant quels hommes il réduit au désespoir ; Scœvola est désigné , il part , manque le roi , se tue lui-même ; il exécute sa promesse ; il ne fait que son devoir. Je ne parle pas ici de la promesse en elle-même ; je n'examine pas si le devoir pouvait permettre un assassinat , si tout moyen de défense est licite contre une attaque : ces questions sont sans intérêt pour l'espèce dont il s'agit.

2e. Curtius , sans être demandé par l'oracle plutôt qu'un autre citoyen , et sans que sa qualité lui en imposât l'obligation , se précipite dans le gouffre. Aria , voulant éviter à Pétus une mort plus cruelle , l'engage à se poignarder , et, pour le mieux persuader , lui en donne l'exemple. Curtius et Aria font plus que leur devoir; ils font une belle action.

. 3e. Les père et mère , l'enfant, les époux, l'ami , le débiteur qui sont dans les positions indiquées au §. 1er. de la section précédente , le citoyen qui se trouve dans la circonstance prohibitive énoncée au §. 2 de la même section , en se suicidant , manquent à leurs obligations, et font une action condamnable.

4e. Pétus se poignarde , Cléopâtre s'empoisonne , pour éviter , l'un le supplice, l'autre la captivité; Pétus et Cléopâtre n'étaient arrêtés ni poussés par aucun engagement; ils font une action indifférente.

. Je n'ai traité et je ne devais traiter ici du suicide que relativement aux devoirs envers les hommes. Si l'on m'objecte ensuite qu'il est défendu par les devoirs envers soi-même et par les devoirs envers Dieu, ma réponse se trouve au chap. 1. tit. Ier., dans

la réflexion que j'ai faite sur cette classification.

Cette manière d'envisager le suicide pourra
choquer beaucoup de personnes ; on pourra
m'opposer grand nombre de fortes autorités,
grand nombre de passages éloquens, de discussions pleines de beaux sentimens ; on se
récriera contre le danger d'une telle doctrine ;
mais encore une fois, dans un ouvrage de
raisonnement je devais m'occuper, non de ce
qui est beau en sentiment ou utile en pratique, mais uniquement de ce qui est vrai
en théorie.

Avant de finir l'article du suicide, je ne
puis m'empêcher de dire un mot sur la question suivante, bien qu'elle ne concerne ni
la morale ni le droit et que dès-lors elle ne soit
pas de mon sujet ; mais elle est de la plus
grande importance, en ce que le faux point
de vue sous lequel on la considère généralement a occasionné plus d'un suicide ; c'est
une question que j'ai souvent entendu discuter et que je n'ai jamais comprise : On de-

mande « quel est le plus courageux de savoir souffrir le malheur ou de savoir s'en affranchir en quittant la vie ? »

Il me semble qu'il n'y a pas plus de courage d'un côté que de l'autre, celui qui se tue regarde la mort comme moins horrible que le malheur, celui qui ne se tue pas pense le contraire ; chacun évite ce qui lui paraît le plus affreux.

J'ai supposé le cas où le devoir ne parle point ; car, le courage consistant alors à savoir suivre son devoir, ainsi tantôt à vivre et tantôt à mourir contre son désir, il faut s'occuper de la question isolée, c'est-à-dire abstraction faite de cet accessoire.

Je dis qu'alors il n'y a pas plus de courage dans un cas que dans l'autre ; ou plutôt je dirais que ce sont deux manières d'être entre lesquelles on ne saurait établir de comparaison ; car il n'en peut exister qu'entre des choses ayant des rapports ensemble ; or le courage qui fait rester dans la vie et celui qui fait marcher à la mort n'ont pas de rap-

ports, n'ont de commun que le nom ; le premier est une manière d'être passive, le deuxième
une manière d'être active ; la décision de
l'individu depend souvent non pas de sa préférence pour une chose ou pour une autre,
mais de l'activité ou de la passibilité qu'exige
leur obtention.

Qu'on observe les actions des hommes, et
l'on sentira que les deux courages dont je
viens de parler sont de natures entièrement
différentes et ne se supposent pas l'un l'autre.
N'avons-nous pas vu des hommes supporter
tous les malheurs, recevoir la mort, monter
à l'échafaud avec une résignation imperturbable, et ne pas oser prendre les armes pour
se défendre ? N'en avons-nous pas vu d'autres au contraire se précipiter dans les périls
avec intrépidité, peut-être même avec un
sentiment de plaisir, et se laisser accabler
au moindre désastre ? Et même, chacun de
ces courages n'est-il pas sujet à des milliers
de modifications ? Ne varie-t-il pas selon les
formes sous lesquelles se présentent les maux ?

Tel homme qui saura bien attendre la mort
ou marcher au-devant d'elle quand elle s'offrira sous une forme, frémira s'il la voit sous
une autre : tel qui la désirera dans l'eau la
craindra dans le feu ; on connaît le trait
d'un homme prêt à se jeter dans les flots et
qui, entendant tirer un coup de fusil, s'en-
fuit avec frayeur. Il ne suffirait donc pas de
dire avec le maréchal de Saxe : « je fus brave
tel jour, » il faudrait ajouter : « contre tel
genre de mal » : « se présentant sous telle
forme » : « attendu ou cherché. »

D'après cela on ne peut répondre à cette
question : « quel est le plus courageux de faire
telle chose ou telle autre, d'attendre telle
chose ou telle autre », puisque dans ces deux
cas, bien qu'il s'agisse d'un même genre de
courage, il s'agit de deux modifications différentes ; et encore moins à celle-ci : « quel
est le plus courageux de souffrir une chose
ou d'en faire une autre », puisqu'alors il s'agit
de deux genres divers de courage, ou plutôt
de deux manières d'être n'ayant pas de rap-

ports entre elles , activité et passibilité ; comme dans la comparaison de deux hommes dont l'un continue à vivre et dont l'autre se tue.

Il n'est pas nécessaire d'ajouter que, supposant la question résoluble , il faudrait prendre deux individus ayant absolument les mêmes idées relativement à la vie et à la mort, regardant tous deux celle-ci de la même manière ; soit comme un anéantissement , soit comme le commencement d'une autre existence ; la regardant aussi comme préférable à la vie : sinon , ayant des idées différentes , ils doivent nécessairement agir différemment ; sans que cela puisse rien faire décider relativement à leur courage.

Ainsi , pour revenir à notre question , elle doit être posée comme il suit : « étant donnés deux hommes, préférant la mort à la vie et regardant la mort sous le même point de vue, quel est le plus courageux de celui qui continue à vivre ou de celui qui met fin à son existence ? »

La question ne pourra évidemment s'entendre ici que du courage actif; et alors elle se réduira à celle-ci dont la solution se trouvera dans la question même ou plutôt dont la position sera une absurdité. » De deux hommes désirant également une chose, quel est celui qui sait le mieux prendre son parti de celui qui agit ou de celui qui n'agit pas ? »

Je ne me suis occupé que de l'homme qui est de sang-froid et dans son état de raison. Quant à celui qui se suicide dans un accès de désespoir, de délire, dans tout état d'aliénation morale, il n'a pu juger de ses actions; il n'y a pas à discuter sur le courage d'un homme qui ne sait ce qu'il fait.

CHAPITRE DEUXIÈME.

De l'Homme en société relativement aux choses.

Manières d'acquérir, de conserver et de transmettre.

Nous avons vu, chap. 2 tit. II, que du principe d'égalité entre les hommes il suit qu'antérieurement à toute convention chacun peut prétendre à chaque chose , mais qu'aucun ne peut y prétendre exclusivement, ou , en d'autres termes, que la *possession*, l'appréhension est commune et naturelle , tandis que la *propriété*, la conservation de la possession , est exclusive et conventionnelle : or , si la propriété est conventionnelle , il en résulte que tous les moyens de l'acquérir , de la conserver , de la transmettre sont aussi conventionnels.

. Ce principe est absolument contraire à celui de la plupart des jurisconsultes, qui , d'après les Romains , divisent les manières d'acquérir la propriété en naturelles et en civiles. Leur division vient de ce qu'ils admettent un droit naturel qu'ils ne bornent pas, ainsi que j'ai cru devoir le faire, au manque de tous droits respectifs. Les manières d'acquérir qu'ils regardent comme naturelles sont bien celles qui ont le plus de simplicité , qui ont dû être adoptées les premières, qui même le sont le plus généralement , *occupation , accession , tradition* renfermant toutes trois plusieurs subdivisions; mais leur simplicité, leur ancienneté, leur généralité ne les empêchent pas d'être conventionnelles, comme je l'ai dit chap. 2 tit. II ; une différence de complication, de date et d'étendue, ne constitue pas une différence de nature. Je développerai davantage cette idée dans le tit. IV ch. 2.

N'étant propriétaires des choses que par le fait des conventions, nous ne le sommes que conformément à ces conventions ; et par conséquent tous nos droits, tous nos devoirs relativement aux choses, sont réglés par les lois de la société dans laquelle nous nous trouvons. Ainsi, par exemple, si nous vivons dans un pays où il soit défendu de faire éprouver à ses biens tel ou tel changement, de les placer de telle ou telle manière, de les transmettre à telle ou telle personne, nous ne pourrons commettre aucune de ces actions sans violer les engagemens sociaux et sans nous rendre coupables.

Il est inutile de nous arrêter davantage sur

7

les droits et sur les devoirs relatifs aux choses :
ils sont assez expliqués par ce que nous venons d'en dire et par ce que nous avons
dit plus haut de ceux qui sont relatifs aux personnes.

TITRE QUATRIÈME.

Source et division du Droit.

Dans un premier chapitre j'exposerai mes
idées sur la source et sur les divisions du
Droit,

Et dans un deuxième je dirai quelques mots
sur le Droit romain.

CHAPITRE PREMIER.

Source et division du Droit.

Des principes développés dans les titres
précédens se déduit la conséquence que dans
l'état de non-société il n'y a point de Droit

à proprement parler, et que dans l'état de société tous les Droits ne sont que des applications d'un même Droit et non des Droits de différentes natures ; en un mot, qu'il n'en existe qu'un seul, et que dès-lors il ne peut être fait de division du Droit que relativement à ses applications et non relativement à sa cause, à sa source.

C'est sur cette proposition, expliquée comme elle va l'être dans ce titre, que j'appelle surtout la critique, d'abord parce que cette proposition est le résultat de ma théorie sur la morale et la base de ma théorie sur le Droit ; ensuite parce que, comme elle est contraire à l'opinion générale, je dois ne l'adopter qu'avec défiance, et désirer la voir confirmer si elle est juste, détruire si elle est erronée.

Importance des divisions en Droit.

On sent que la question de la division ou de la non-division du Droit relativement à sa cause mérite un examen attentif ; car on sait l'importance, le grand effet des classifi-

cations en droit. Elles n'y sont pas seulement,
comme dans beaucoup de sciences, des moyens
d'aide, des instrumens, qui, indispensables ou
du moins très-utiles pour le commençant dont
l'œil incertain et inhabile ne saurait s'arrêter
que sur des genres ou sur des espèces, peuvent et même doivent être ensuite rejetées par
l'homme dont la vue a acquis assez d'étendue
et de justesse pour distinguer des individus :
elles sont aussi en droit des règles qui gouvernent les actes qui y sont compris ; aux différentes classes sont attachés différens principes ; et par conséquent, de la position d'un
acte dans telle ou telle classe dépend tel ou
tel effet.

Principes.

Afin de mettre le lecteur à même de
mieux combattre mon opinion, je vais commencer par résumer en peu de mots les principes développés dans les titres précédens.

Du non-sujet de préférence entre des
objets égaux et de l'égalité entre les hommes,

suit le manque de droits de l'un à l'égard de l'autre, la non-obligation morale de rapports entr'eux.

S'ils ne veulent pas avoir de rapports, ils n'ont ni droits ni devoirs réciproques, c'est-à-dire qu'il y a, non pas obligation de faire quelque chose pour ses semblables, mais obligation de ne rien faire contre eux ; état passif, état de l'homme isolé relativement à tous autres, et de l'homme en société relativement à ceux qui ne sont pas membres de sa société ou d'une autre alliée à la sienne.

S'ils veulent avoir des rapports, ces rapports, nés des conventions, seront réglés par elles ; et ces conventions devront avoir pour base première l'égalité entre les contractans au moment du contrat, mais pourront avoir pour résultat ce qui conviendra aux contractans ; état actif, état de l'homme en société relativement aux membres de sa société et de celles qui lui sont alliées.

Dès-lors dans l'état de société tout Droit vient des conventions, et le principe à ad-

mettre au moment de former ces conventions est l'égalité, entendue comme je l'ai ex-
pliquée tit. Ier. chap. 2, sect. 1re. Dans l'état
de société le Droit est donc unique dans sa
source, la volonté des parties; unique dans
sa base, l'égalité au moment de la confection
des lois : mais il sera multiple dans son résultat
selon les décisions des parties ; et dans son
objet selon qu'il aura en vue les rapports de
particuliers aux particuliers, ou ceux de gouvernement aux particuliers et *vice versâ*, ou
ceux de nation à nation. Dans ces différens
cas, il prendra différens noms, mais il ne
faudra pas oublier que ces noms n'indiquent
tous que le même Droit appliqué à différens
objets.

Dénominations.

Les idées bien déterminées, arrivons aux
noms à donner. Je vois:

1°. Dans l'état de non-société, un manque
réciproque de droits, aucun n'ayant de droit
sur un autre, à moins que l'on ne dise que

chacun a le droit d'empêcher un autre de rien exiger de lui, ce qui signifiera que chacun a le droit d'empêcher un autre d'avoir des droits sur lui ; c'est bien là, je crois, le manque réciproque de droits ;

2°. Dans l'état de société ; des droits fondés sur les conventions, qui devront avoir au moment de leur confection une base naturelle, l'égalité entre les contractans.

J'appellerais volontiers le premier état le *manque de droit*, et le deuxième *le droit* simplement.

Aimera-t-on mieux appeler le premier *droit naturel*, et le deuxième *droit conventionnel* ?

Ou bien ; laissera-t-on au premier le nom de *manque de droit*, et au lieu de nommer l'autre *droit* simplement, le nommera-t-on *droit conventionnel* ou *droit naturel* ?

On dira dans ce dernier cas, pour la qualification de *droit conventionnel*, que, aucun n'étant forcé de s'y soumettre puisqu'aucun n'est forcé d'avoir des rapports avec un autre, chacun n'y est assujetti que par le résultat d'un consentement, d'une convention et que c'est de ce résultat que le Droit doit tirer son nom.

On répondra pour la qualification de *droit naturel* que, si l'action d'avoir des rapports est conventionnelle, ces rapports doivent avoir une base naturelle, l'égalité, et que c'est de cette base qu'il faut prendre la dénomination.

Ou bien encore, fera-t-on une distinction dans le Droit entre les conventions qui, ne s'écartant pas de l'égalité première, recevront le nom de *droit naturel*, et celles qui, s'en écartant, recevront celui de *droit conventionnel ?*

Comme on voudra : je ne tiens aucunement aux noms ; dans tout, il importe fort peu d'employer un mot ou un autre ; ce qui importe seul, c'est de n'employer les mots qu'après avoir bien déterminé le sens qu'on y attache ; le choix du signe est indifférent ; la seule chose importante c'est de se rappeler ce qu'il représente.

CHAPITRE DEUXIÈME.

Droit romain.

Les bornes de cet ouvrage, qui n'est qu'une Introduction à l'étude du Droit, ne me permettent point de passer en revue les opinions des jurisconsultes sur les différentes divisions du Droit, ou plutôt sur les différens Droits admis par eux. Toutes ces classifications sont fondées sur la nature différente des divers Droits, que je regarde au contraire, ainsi que je viens de le dire, comme n'en formant qu'un seul, qui prend divers noms selon ses différentes applications. Je dirai cependant un mot sur la division admise dans le Droit romain, d'abord parce qu'elle a donné naissance à beaucoup d'autres, ensuite parce qu'elle est généralement plus connue, et surtout parce que, insérée dans un corps de lois, formant même le fondement de plusieurs , la connaissance en est indispensable pour l'intelligence de ces lois , et l'importance en est forcée , tandis que les autres , proposées seulement par des hommes privés , n'ont d'autorité que celle qu'on veut bien leur accorder.

Examen des divisions qui y sont faites du Droit.

Au *ff. de Just. et jur. l.* 1 §. 2 et aux *Inst. eod. tit.* §. 4, le Droit est d'abord divisé d'après ses divers objets en *droit public* et *droit privé*, selon qu'il a rapport à l'état de la chose publique, *publicum quod ad statum reipublicæ spectat*, ou à celui des particuliers entre eux, *privatum quod ad singulorum utilitatem.*

Ensuite le Droit privé, le seul dont le législateur déclare au commencement de ces ouvrages vouloir s'occuper, quoiqu'il consacre ensuite au Droit public plusieurs titres épars dans les différens livres et notamment dans les livres 49 et 50 du ff., le droit privé est subdivisé d'après ses sources en *droit naturel, droit des nations et droit civil*, *jus naturale*, *jus gentium*, *jus civile*.

La première division du Droit, celle d'après ses objets, nous est indifférente dans un ouvrage où nous ne nous occupons du Droit que relativement à ses sources. Voyons donc cette dernière division et examinons ce qu'on entend par les trois Droits qu'elle comprend.

Définition du droit naturel, jus naturale.

Le Droit naturel est défini au *ff. l.* 1 §. 3 , *de Just. et jur.*, et aux *Inst. de Jur. nat. gent. et civ. pr.* : celui que la nature a enseigné à tous les êtres animés, *quod natura omnia animalia docuit*, comme, y est-il ajouté par forme d'exemple, l'union des sexes, *hinc maris atque feminæ cunjunctio ;* enfin ce Droit renferme, ainsi que l'expliquent les commentateurs, toutes les actions qui, nées de l'impulsion première, de l'instinct et non du raisonnement, *inclinatione tenùs et non ratiocinatione*, ne sont cependant pas particulières aux brutes seules et se rencontrent aussi à-peu-près semblables chez l'homme , *quæ faciunt etiam bruta solo quidem impetu naturæ , ceterùm cùm similitudine sensûs ac desiderii humani.*

Définition du droit des nations , jus gentium.

Le Droit des nations est défini *edd. leg.* §. 4 au *ff.,* celui dont l'espèce humaine se sert seule , *quo gentes humanæ utuntur,* et plus clairement, *leg.* 9, *eod. tit.,* et aux *Inst.,* §. 1 *de Jur. nat.,* celui que la raison naturelle a établi parmi tous les hommes et qui est également observé chez tous , *quod naturalis ratio inter omnes homines constituit et apud omnes peræque custoditur.*

C'est même, y est-il ajouté, de cette observation générale chez toutes les nations que lui est venu son nom de Droit des nations, *vocaturque jus gentium quasi quo jure omnes gentes utuntur.*

Cette définition montre qu'on a eu raison de remarquer que les mots *jus gentium* seraient traduits très-improprement dans notre

langue par ceux *droit des gens*, qui signifient
le seul Droit que les nations observent à l'égard
les unes des autres, tandis que dans le latin *jus
gentium* désigne tout le Droit observé par toutes
les nations tant à l'intérieur qu'à l'extérieur,
tant chez elles que relativement aux autres
nations.

Définition du droit civil, jus civile.

Le Droit civil est ensuite expliqué *Iisd. tit.
Inst.* §. 1, et *ff. l.* 9, celui que chaque peuple
s'est établi, *quod quisque populus ipse sibi
constituit*, d'où lui est venu le nom de *civil*
ou propre à chaque cité, *et vocatur civile
quasi proprium ipsius civitatis*.

On voit que ce mot *civil* reçoit aussi dans
ces passages une acception différente de celle
qu'on lui donne en français, où il signifie
seulement le Droit qui établit les lois des rapports entre particuliers, tandis que dans le
latin il signifie tout le Droit propre à chaque
cité et embrasse conséquemment et ce que
nous appelons Droit politique et ce que nous
appelons Droit civil.

Confusion des mots jus naturale *et* jus gentium.

Mais après avoir ainsi défini les noms de ces trois différens Droits, souvent le législateur varie dans le sens qu'il donne aux deux premiers.

Ainsi par exemple le mot *jus naturale*, employé dans les lois citées plus haut pour désigner le Droit commun à tous les êtres animés, l'est ailleurs pour désigner les dispositions particulières à l'espèce humaine seule; et, quoiqu'on ne doive pas en conclure qu'il embrasse tout le *jus gentium*, il est alors pris comme son synonyme, ainsi qu'on peut le voir au *ff. de Just. et jur. leg.* 6, *jus civile est quod neque in totum à* NATURALI VEL GENTIUM *recedit, nec per omnia* EI *servit,* et aux *Inst. de Aequir. rer. domin.,* surtout §. 11, *quarumdam rerum dominium nanciscimur jure naturali quod appellatur jus gentium, quarumdam jure civili,* et §. 41, *jure gentium id est jure naturali.* En d'autres endroits ces deux mots sont donnés comme entièrement opposés, par exemple, dans la *l. 1 §. 4 ff. de Just. et jur.*, quod (jus gentium) à naturali recedere facilè intelligere licet; quia illud solis animalibus, hoc solis hominibus inter se commune sit, dans la *l. 4 eod. tit. ff.*, et dans le §. 2, *Inst. de Jur. nat.*, où, après avoir dit que les servitudes sont venues du Droit des nations, *posteaquàm jure gentium servitus invasit, ex hoc (jure gentium) servitutes constitutæ*, on ajoute qu'elles sont contraires au Droit naturel, *quæ sunt naturali juri contrariæ; nàm omnes homines liberi nascebantur......; utpotè cùm jure naturali omnes liberi nascerentur.*

Cependant ces oppositions apparentes s'expliquent facilement si l'on veut faire attention que le Droit des nations devait nécessairement renfermer des dispositions conformes et d'autres contraires au Droit naturel. Du moment qu'une disposition était remarquée exister chez toutes les nations, quelle que fût sa source, contraire ou non au Droit naturel, elle était dite faire partie du Droit des nations. Ainsi, par exemple, la propre défense est conforme au Droit naturel, et comme tous les peuples la reconnaissent, elle était rangée dans le Droit des nations, *l.* 3 *ff. de Just. et jur.* : la servitude est contraire au Droit naturel, mais comme on croyait qu'elle existait chez tous les peuples, on la rangeait également dans le Droit des nations, *l.* 5 *eod. tit.*

Aussi, dans certains passages le Droit des nations est regardé comme indépendant des conventions des hommes ; par exemple, au §. 1 *Inst. de Jur. nat.*, et à la *l.* 9 *ff. de Just. et jur.*, où il est dit venir de la raison naturelle, *quod* NATURALIS RATIO *inter omnes homines* CONSTITUIT, etc. : et dans d'autres, il est regardé comme résultant des conventions, par exemple au §. 2. *Inst. eod. tit.*, où, après avoir parlé du Droit des nations, on ajoute *nàm* USU EXIGENTE *et humanis necessitatibus gentes humanæ quædam* SIBI CONSTITUERUNT.

*Division faite par les commentateurs du droit des nations
en primaire et en secondaire.*

C'est ce qui a engagé les commentateurs
à diviser le Droit des nations en *primaire,
primarium* ou *primævum*, celui du §. 1 *des
Inst.*, et en *secondaire; secundarium,* celui du
§. 2 ; l'un absolu, qui gouverne d'une manière
absolue l'homme comme homme, suivant les
expressions d'Heineccius, *absolutum, quod
absolutè in hominem cadit tanquàm hominem*, et l'autre dépendant des circonstances ,
hypotheticum.

En admettant ces deux Droits on pourrait
dire que le premier, cherchant ses règles dans
la nature, dépendait du domaine de la philosophie, et que le second, les cherchant dans
l'usage, dépendait du domaine de l'Histoire :
les lois du premier paraissaient invariables ,
celles du second variables; car telle ou telle
loi devait être rangée dans le second ou en
être ôtée, selon qu'on remarquait ou non l'adoption générale de cette loi. Ainsi, par exemple,

les mêmes jurisconsultes qui, d'après les usages de leur tems, avaient classé la servitude et par conséquent les manumissions dans le Droit des nations, les en retireraient aujourd'hui, où la servitude est d'un usage beaucoup plus rare.

Actes que comprenaient les différens droits.

Pris d'une manière générale et sans division, le Droit des nations renfermait presque tous les contrats, *ex hoc omnes penè contractus introducti*, §. 2 *Inst. de Jur. nat.*, excepté ceux qui étaient particuliers à quelques peuples, *ex hoc.... obligationes institutæ, exceptis quibusdam quæ à jure civili introductæ sunt*, *l*. 5. *ff. de Just. et jur.*

A l'égard du Droit civil de chaque peuple, sa définition montre qu'il contenait et des dispositions naturelles, adoptées ou non par les autres peuples, et des dispositions généralement adoptées, naturelles ou non, et des dispositions particulières. *Jus civile est quod neque in totum à naturali, vel gentium recedit, nec per omnia ei servit, dict.*

leg. 6. ff. de Just. et jur. ; car , dit Vin-
nius dans ses Commentaires sur les *Inst.*
§. 1 *de Jur. nat.* , le Droit civil désigne
tout le Droit de la cité , comprend et le Droit
naturel et le Droit des nations , et c'est dans
ce sens qu'Aristote a partagé le Droit propre
à la cité en naturel et en conventionnel ,
nàm jus civile, sumptum pro universo jure
civitatis, etiam jus naturale et gentium com-
plectitur, quo sensu Aristoteles dividit jus
πολιτικὸν *in* φυσικὸν et νομικὸν.

On observera encore ici que l'expression
πολιτικὸν serait très-mal rendue dans notre
langue par l'expression littérale *politique* ;
car en français , l'adjectif *politique* , appliqué
au Droit , signifie seulement celui qui règle la
constitution de l'Etat , tandis qu'en grec , il
exprimait tout le Droit propre à la cité , tirant
sa dénomination du substantif πολις, cité. Je
m'arrête toujours sur l'explication des termes ;
mais cette habitude me sera pardonnée , si l'on
veut se rappeler que le plus grand nombre
des discussions a lieu faute de s'entendre sur

eux, et que souvent une question posée en termes bien expliqués est déjà à moitié résolue. J'ajouterai une réflexion au sujet des termes qui, comme celui dont il s'agit ici, passent presqu'entiers d'une langue dans une autre : la similitude des sens ne se rapporte pas toujours à celle des expressions, et en général au contraire les mots dérivés reçoivent avec le tems, dans la langue où ils sont employés, des sens différens de ceux qui étaient attribués aux mots radicaux dans la langue-mère ; d'où il résulte que traduire d'une manière littérale c'est, presque toujours traduire d'une manière fautive.

Le *jus civile* comprenait donc tous les contrats en usage chez le peuple auquel il était propre, qu'ils fussent aussi ou non du Droit des nations ; mais, afin de faire la distinction entre ces contrats, on attribuait spécialement la dénomination de *contrats de droit civil* à ceux qui n'existaient que chez ce peuple, ou à ceux qui, existant aussi chez les autres, avaient reçu chez ce dernier quelques modifications, soit dans le fond, soit dans la forme, *itaque cùm aliquid addidimus vel detraximus juri communi, jus proprium, id est civile, effecimus. Dict. leg. 6. ff.*

Nous venons de déterminer le sens à donner aux noms des différens Droits; mais on conçoit qu'il doit exister, comme il existe réellement quelquefois, des difficultés pour décider si tel ou tel acte est à ranger dans tel ou tel Droit, dans le Droit des nations ou dans le Droit civil, dans le Droit des nations primaire ou dans le Droit des nations secondaire. Je n'entrerai pas à ce sujet dans des détails qui me mèneraient trop loin.

Explication du sens donné au mot naturel.

Une question fort intéressante est celle de savoir ce que les jurisconsultes romains entendaient par les mots *droit naturel,* si ces mots signifiaient *droit ayant lieu indépendamment de toute convention,* ou bien *droit que les conventions feront nécessairement établir le premier.*

En examinant comment, dans les lois citées plus haut , les conventions même qui leur paraissaient les plus généralement adoptées , les premières et les plus nécessaires à adopter, sont opposées au mot *naturel*, je crois qu'on ne peut révoquer en doute que par *droit naturel* ils entendaient, comme le porte le nom, Droit venant de la nature seule, subsistant par le seul fait de l'existence des individus.

Il se présente encore à l'appui de cette opinion une loi, qui me servira de transition pour arriver à la question de la propriété ; c'est la loi 5 *ff. de Just. et jur.*, où , après avoir , dans celle qui précède, opposé le Droit des nations , ou Droit généralement adopté par toutes les nations, au Droit naturel , le législateur ajoute : « de ce Droit des nations est venue la distinction des propriétés, etc. , *ex hoc jure gentium dominia distincta, etc.*, distinction qui est évidemment une des conventions lesplus nécessaires.

Source donnée à la propriété.

Voyons maintenant si les jurisconsultes romains regardaient la source de la propriété exclusive comme naturelle ou comme conventionnelle, ou mieux s'ils admettaient un droit à la propriété exclusive, ou simplement à la propriété, indépendamment des conventions?

On pourrait au premier coup-d'œil dire que les mots *dominia distincta, la distinction des proprietés*, placés dans un Droit qu'on vient d'opposer au Droit naturel, prouvent que la propriété exclusive n'était pas considérée comme naturelle; ou autrement, que dans l'état de nature tout était commun. C'est le raisonnement qu'ont fait plusieurs commentateurs, et notamment Godefroy, qui sur ces mots ajoute : *ergò jure naturæ bona omnia communia.*

Il me semble cependant que la conséquence n'est pas juste. On doit remarquer que dans la loi il y a *dominia distincta, la distinction des propriétés*, et non *dominia constituta, l'établissement des propriétés*; et c'est bien différent. Dire que les hommes ont reconnu la nécessité de bien distinguer les propriétés, ce n'est pas dire qu'avant qu'ils fissent cette distinction il n'y avait pas de droit de propriété ; que, pour n'être pas bien clairement distinguée, la propriété exclusive n'existait pas. Ces mots ne prouvent donc point que les jurisconsultes romains pensassent qu'il n'y eut pas de propriété dans l'état de nature ; et l'explication que j'offre servirait à résoudre une antinomie proposée par Godefroy, qui à la loi où se trouvent ces mots oppose le §. 1. *fin. Inst. de Furt.*, paragraphe dans lequel le vol est regardé comme défendu par la loi naturelle, *lege naturali prohibitum.*

Mais je ne suis pas réduit à de simples conjectures pour démontrer que les Romains admettaient un Droit à la propriété indépendamment des conventions.

Nous avons vu dans plusieurs lois, indiquées ci-dessus, le mot *droit des nations* opposé au mot *droit naturel*, *c'est-à-dire ce qui a lieu généralement à ce qui aurait lieu de soi-même, sans dérogation aux principes natu-*

rels. Nous allons voir ensuite ces deux mots pris comme synonymes pour exprimer plusieurs manières d'acquérir dites naturelles.

Manières d'acquérir dites naturelles.

Les jurisconsultes ont beaucoup varié sur la question de savoir comment il faut diviser les diverses manières d'acquérir admises par le Droit romain comme *naturelles*, *modi acquirendi naturales*; mais enfin, suivant l'observation d'Heineccius, Grotius et Puffendorff les ont remis sur la voie ; on convient aujourd'hui qu'elles peuvent être réduites à trois, l'*occupation*, l'*accession* et la *tradition*. Elles ont été distinguées par Grotius en *originaires*, *originarios*, qui donnaient la [propriété d'une chose n'appartenante à aucun auparavant, et en *dérivées*, *derivatos*, qui transféraient de l'un à l'autre une propriété déjà existante ; et les manières d'acquérir *originaires* ont été subdivisées par Puffendorff en *originaires simples*, *originarios simpliciter*, par lesquelles nous acquérons la substance même de la chose, *substantiam ipsam rei*, et en originaires relatives, *originarios secundùm quid*, par lesquelles nous acquérons une augmentation ou les fruits de la chose, *incrementum vel fructus rei*. Mais toutes ces divisions et subdivisions nous sont très-indifférentes. Nous n'avons besoin que de savoir ce qu'on entendait par le mot *naturel*.

Il est dit au *ff. leg. 3 de Acquir. dom.*, et aux *Inst.* §. 12. *de Rer. divis.*, que la raison naturelle attribue au premier occupant ce qui n'est à aucun, *quod enim nullius est, id ratione naturali occupanti conceditur.*

Plusieurs passages au *ff.* et aux *Inst.*, notamment *Iisd. tit. l. 7. ff.* et §. 19 *et sequent. Instit.*, parlent à-peu-près dans les mêmes termes de diverses accessions.

Le §. 40 *Inst. de Rer. divis.* s'exprime ainsi sur la tradition : « c'est par le Droit naturel que nous acquérons au moyen de la tradition ; car rien n'est plus conforme à l'égalité naturelle que de ratifier la volonté par laquelle le propriétaire transmet sa chose à autrui, *per tra-*

ditionem quoque jure naturali res nobis acquiruntur ; nihil enim tam conveniens est naturali æquitati quàm voluntatem domini, volentis rem suam in alium tranferre, ratam haberi.

Je me contente de citer ces lois entre plusieurs autres. Faisons-en maintenant l'application à ce que j'ai dit plus haut.

Selon le Droit naturel toute chose appartient à tous en commun, tant qu'aucun ne l'a pas occupée ; mais une fois qu'un individu l'a occupée, tous les autres n'y ont plus de droit, ou en d'autres termes elle lui appartient à lui seul, *dict. l. 3. ff. de Acquir. rer. dom.* ; ce qui s'y joint participe au sort du principal, *d. l. 7. ff. h. t.* et §. 19 *et sæquent. Inst. de Rer. div.* ; et, comme chacun peut disposer de ce qui lui appartient, le propriétaire transmet son droit à qui bon lui semble, *dict.* §. 40. *Inst* ; celui qui s'empare d'une chose qu'un autre tenait soit par occupation, soit par accession à une chose déjà occupée, soit par la tradition que lui avait faite le premier occupant, celui-là, dis-je, commet un vol, une action contre le Droit naturel, *dict. §. 1 Inst. de Furt.*

Je n'aperçois donc ici nulle opposition entre ces diverses lois ; mais je ne me serais pas arrêté à la discussion fastidieuse de quelques lois et d'une antinomie, si je n'avais pas cru en faire sortir des idées fondamentales.

Je pense avoir prouvé que le mot *naturel*, employé dans les lois romaines pour désigner certaines manières d'acquérir, occupation, accession, tradition, signifie *ayant lieu de plein droit, independamment de toute convention.*

Rapprochement de ces principes et des miens.

Rapprochant maintenant mes principes de ceux des lois romaines, on voit quelle en est la différence tant sur la propriété que sur d'autres points ; on voit que ce qu'elles offrent pour un *droit naturel commun à tous les êtres animés*, n'est pas un Droit à proprement parler, ce qui au surplus a été expliqué par plusieurs commentateurs ; que beaucoup d'actes qu'elles classent dans ce qu'elles appellent *droit naturel particulier aux hommes*, sont à classer dans ce que j'ai appelé préférablement *manque réciproque de droit*; et que tous les autres actes que peuvent faire les hommes doivent, selon moi, être rangés dans ce que j'ai nommé *droit conventionnel ;* que la propriété, les manières de l'acquérir, de la conserver, de la transmettre sont à mes yeux *conventionnelles ;* enfin que, s'il faut employer le mot *droit naturel* pour signifier autre chose que le manque réciproque de Droit, je l'emploierai seulement pour exprimer *les dispositions dont les hommes conviendront nécessairement* ou mieux *presque nécessairement*, car il n'y en a peut-être pas d'absolument générales et dès-lors pas d'absolument nécessaires, *du moment qu'ils auront des rapports ensemble*, rapports qui sont eux-mêmes toujours conventionnels ; enfin que ces dispositions sont donc conventionnelles, au premier degré si l'on veut, mais toujours conventionnelles; car de ce qu'une convention est presque nécessaire, ou même absolument nécessaire, il ne s'ensuit pas qu'elle cesse d'être une convention.

Quoique je ne connaisse pas de loi qu'on puisse opposer à celles que j'ai choisies pour établir les opinions des jurisconsultes romains sur les questions traitées plus haut, je suis cependant loin d'affirmer qu'il n'en existe point ; mais quelques antinomies, dans des cas particuliers, ne suffiraient pas pour détruire des principes qui sortent de l'esprit général de ces lois. Je ne sais même pas s'il est une matière où l'on pourrait être certain de ne pas rencontrer d'antinomies dans le corps du Droit romain, effet inévitable de la manière dont il a été composé.

Coup-d'œil sur l'ensemble du Droit romain.

En général, je crois que le Droit romain doit être étudié avec la plus grande circonspection, pour tout ce qui est méthode, classification, définition. Il offre des dispositions pleines de sagesse pour un Droit civil ; mais c'est en vain qu'on y voudrait chercher un corps de doctrine philosophique ; il ne s'y trouve point ; il ne saurait même s'y trouver.

Des compilateurs , recueillant des constitutions d'un grand nombre d'empereurs bons ou mauvais, analysant des milliers de volumes d'auteurs de sectes différentes, car la plus grande partie seulement, et non la totalité, était de la secte stoïcienne, et parmi ces sectateurs de Zénon il faudrait même faire plusieurs subdivisions, des compilateurs n'eurent pas de peine à saisir les dispositions équitables pour les cas positifs ; elles frappent au premier coup - d'œil, elles sont de sentiment autant que de raisonnement : aussi pour ces cas, le Droit romain est-il justement admiré. Plusieurs chemins mènent souvent au même but; plusieurs démonstrations tirées de principes non semblables conduisent souvent au même résultat : c'est ainsi que les dispositions équitables qui peuvent être prouvées de diverses manières se sont remontrées chez des philosophes de sectes différentes ; c'est ainsi que Tribonien et ses collaborateurs ont pu, en puisant dans tous, composer un ouvrage fort bon pour les cas particuliers. Cet ouvrage eût été cependant meilleur encore, même sous ce dernier point de vue, si l'extrême avarice de Tribonien ne l'eût porté à vendre des lois, que leur injustice évidente, ou leur manque de rapport avec d'autres, fait souvent reconnaître sans peine pour avoir été frappées de sa main, *passæ sunt manum Triboniani;* et si la précipitation avec laquelle Tribonien et ses collaborateurs travaillèrent pour plaire au prince, ne leur eût laissé mettre dans les détails aussi peu d'ordre que dans l'ensemble, rap- procher des lois qui n'avaient point de rapports entr'elles, placer fréquemment celles qui sont conséquences avant celles qui sont prin- cipes, et causer de véritables antinomies en insérant plusieurs parties de l'ancien Droit aboli, qui se trouvèrent en contradiction avec le nouveau , et en prenant chez des auteurs différens un grand nombre de fragmens opposés entr'eux.

Mais ce n'est pas avec les travaux d'autrui qu'on peut faire un corps de doctrine, c'est-à-dire un ensemble d'idées bien liées, bien déduites, un ouvrage à principes fixes , à conséquences strictes; une telle œuvre est l'œuvre de la réflexion, et non celle de la compilation.

Quant au style, si Tribonien a mis dans sa compilation trop peu d'esprit philosophique, en revanche, il y a mis trop de langage philosophique; analysant des ouvrages de juris-consultés-philosophes, il a pris chez eux des divisions, des expressions, des définitions, qui pouvaient être bonnes dans leurs ouvrages théoriques, mais qui devenaient déplacées et souvent inintelligibles dans le sien. Il est quelquefois impossible d'y rien comprendre, si on ne connaît les principes de la secte des auteurs qu'il a extraits, c'est-à-dire le plus ordinairement de la secte de Zénon, de cette secte dont

les principes, outrés pour le bien seul, consistant dans un mépris profond des plaisirs et
des douleurs, de tout ce qui paraît aux hommes des biens ou des maux, dans un oubli
total de soi-même, dans une occupation continuelle de la société en général, dans une
impassibilité absolue, dans une résignation
entière au Destin, devaient, suivant la réflexion de Montesquieu, trouver un grand
nombre de sectateurs chez un peuple comme
le peuple Romain.

Ainsi, dès les premiers mots, comment, sans
cette connaissance préalable, entendre la définition de la *justice*, dite, *l.* 10. §. 1. *ff.*, *de
Just. et jur.* et *Inst. eod. tit. pr.*, la volonté
constante et perpétuelle de rendre à chacun son
droit, ce à quoi il a droit, *constans et perpetua
voluntas jus suum cuique tribuendi*, et celle
de la jurisprudence, appelée, *iisd. tit.* §. *seq.*, la
connaissance des choses divines et humaines, la
science du juste et de l'injuste, *rerum divina-
rum et humanarum notitia, justi injustique
scientia?* Même traduites en langage ordinaire,

signifiant, la première, *la vertu de rendre à chacun son droit*, toute vertu devant être selon les Stoïciens une volonté constante et perpétuelle, et la seconde, *la partie de la philosophie qui s'occupe du juste et de l'injuste*, la philosophie étant selon eux la réunion de toutes les connoissances divines et humaines, ces définitions n'offrent alors, au lieu d'idées obscures, que des idées fausses pour le Droit civil où elles se trouvent, parce qu'elles concernent la jurisprudence et la justice morales, si toutefois ce dernier mot peut s'appliquer à la jurisprudence, c'est-à-dire la science et l'observation des régles qu'on croit les meilleures à établir, tandis que dans un corps de lois civiles c'était, comme le fit très-bien observer Heineccius, la jurisprudence et la justice civiles, c'est-à-dire la science et l'observation des lois une fois établies, que Tribonien eût dû définir, si tant est qu'il dût définir ; mais je suis loin de le penser, d'après le danger des définitions en droit, danger qu'ont bien reconnu les rédacteurs de notre Code, et qui leur fit supprimer un titre préliminaire de définitions générales placées en tête du Projet, danger qu'avait reconnu Tribonien lui-même, ou plutôt dont il avait copié sans réflexion la reconnaissance dans la loi 202 *de div. Reg.* au *Digeste*, à la fin de cet ouvrage, après avoir mis des définitions partout, même au commencement du titre où il vient d'en avouer les inconvéniens.

On ne sait donc souvent pas en lisant cet ouvrage, si on est dans le domaine du Droit ou dans celui de la philosophie ; de plus, une fois dans le domaine du Droit, on ne s'y reconnaît quelquefois pas davantage quand il s'agit de principes généraux ; ainsi par exemple, les trois préceptes du Droit, vivre honnêtement, ne léser personne, rendre à chacun ce à quoi il a droit, *honestè vivere, neminem lædere, suum cuique tribuere,* §. 3. *Inst.* et *l.* 10 §. *eod. tit. de Just. et jur.*, sont vagues, susceptibles de signifier tout ce qu'on voudra leur faire signifier, malgré l'explication qu'en donne Cicéron dans ses Offices, où il comprend sous le premier les devoirs envers soi-même , et sous les deux derniers les devoirs envers les autres, relativement aux personnes et relativement aux choses.

On pourrait encore reprocher à Tribonien d'avoir laissé aux décisions des jurisconsultes les motifs qu'ils y avaient mis. Il avait à faire un ouvrage de Droit positif, à dicter des régles à un peuple donné ; il eût donc dû parler en législateur et non en professeur, faire un corps de lois et non un cours de Droit, donner les décisions et non les raisonnemens sur lesquels elles s'appuient. Autrement, c'est ouvrir la carrière aux discussions , aux difficultés. Cette habitude de remonter aux sources , de tout motiver , qui était une qualité chez les auteurs que Tribonien a extraits , parce que , jurisconsultes, ils devaient prouver, est devenue un défaut chez lui , parce que , législateur, il ne devait qu'ordonner.

Cependant ce dernier défaut, qui rendait le corps de Droit romain moins bon comme corps de lois à pratiquer, le rend meilleur comme ou—

vrage à étudier, d'autant plus que ses lois sont en général bien motivées, celles du Digeste surtout, qui, extraites des lois des XII Tables, des Plébiscites, des Sénatus-consultes, des ouvrages d'auteurs, hommes profonds, souvent même grands hommes et décidant sans intérêt personnel, offrent en général, réunies, sauf quelques exceptions, la justesse de l'idée et la concision du style. Ces avantages ne se rencontrent pas aussi souvent dans le Code ; relativement aux idées, parce que dans les constitutions impériales dont les extraits le composent, on trouve à côté de celles des princes les plus équitables, celles des princes les plus iniques, Justinien ayant voulu rassembler toutes les constitutions des empereurs, au lieu de choisir seulement les meilleures d'entre elles ; et relativement au style, parce que ces constitutions étaient ordinairement rédigées par des secrétaires ignorans. Je ne parle pas ici des Novelles, ouvrage dédaigné depuis long-tems par les jurisconsultes.

TITRE CINQUIÈME.

*Objections tirées de la morale de
sentiment, de la Conscience.*

Après la digression à laquelle je viens de
me livrer sur un Droit positif, je rentre dans
la morale et dans le Droit général.

J'ai cherché dans les titres I, II et III à établir les principes de la morale de raisonnement
et du Droit général; je vais maintenant, comme
je l'ai annoncé chap. 1, titre Ier, dire quelques
mots de la morale de sentiment, de la conscience; je vais examiner si elle fournit à la première des confirmations, comme le veulent les
uns, ou des objections, comme d'autres le prétendent.

Mais auparavant, rappelons-nous qu'ayant
une fois adopté un principe donné par le *sens
intime* ou *interne*, celui du libre-arbitre,
auquel les objections ci-après énoncées n'ont

point rapport, les régles de la morale et du Droit général ont été prouvées par un raisonnement strict, qu'ainsi, lors même qu'on parviendrait à leur ôter le soutien de la *conscience*, ce mot signifiant ici *la partie du sens intime relative à la connaissance du bien et du mal*, ou *le sens moral*, ou *l'évidence du cœur*, suivant l'expression de d'Alembert, ou *l'harmonie du cœur et des actions*, comme l'appelait Hutcheson.

J'entame donc avec confiance une discussion, où le succès peut fournir un nouveau point d'appui à la morale, mais où le manque de succès ne saurait ébranler un édifice qui repose déjà sur d'autres bases.

L'examen que je ferai des objections sera peut-être un peu long; mais j'aime mieux encourir le reproche de les trop détailler que celui d'en déguiser aucune.

CHAPITRE PREMIER.

Exposé des Objections.

Vous fondez, dira-t-on, la morale de raisonnement sur le principe du non-sujet de préférence entre des objets égaux et de l'égalité entre les hommes ; mais, si on trouve dans le raisonnement le motif, trouve-t-on dans la conscience le sentiment de ne pas se préférer à un être égal à soi? Et, quand même la plupart des hommes l'y trouveraient, pourrait-on invoquer cette conscience tant qu'elle ne serait pas générale ? Or elle ne l'est pas.

Combien d'hommes en sont entièrement dépourvus! Combien font sans hésiter et sans se repentir les actions les plus exécrables! Néron, voulant se représenter l'incendie de Troie, met le feu aux divers quartiers de Rome et regarde tranquillement brûler sa ville et ses concitoyens; Mahomet II, pour prouver à un peintre l'effet du retrait des chairs dans la décollation, tranche la tête d'un esclave innocent et discute froidement sur le cadavre.

Combien même, et non pas d'individus, mais de masses d'hommes, mais de nations entières, réduisent les mauvaises actions en principes ! Presque tous les peuples dans leur enfance se sont souillés par des sacrifices humains ; quelques-uns en ont même conservé la coutume dans une civilisation déjà avancée : jusqu'au beau traité de paix de Gélon, qui n'usa de la victoire qu'au profit de l'humanité, le Carthaginois immolait ses enfans sur l'autel des dieux ; toute l'Europe a cru pendant long-tems devoir massacrer l'incrédule ou le mécréant ; il y a peu d'années que l'Espagnol en faisait de pieux auto-da-fé ; aujourd'hui même encore....., mais n'attribuons pas à la nation entière les actions de quelques individus.

Avant la défense que leur en fit Alexandre, la piété filiale engageait les Bactriens à tuer leurs vieux pères ; le même motif a produit le même effet chez les Caraïbes ; une loi de Sparte ordonnait la mort des enfans mal conformés ; les premiers (*a*) Romains ôtaient arbitrairement la vie à leurs nouveaux nés ; les Chinois en agissent encore de même aujourd'hui (*b*) ; jusqu'à Mahomet, l'Arabe pauvre faisait périr ses filles.

Une égale diversité existe sur tout.

Ici le pardon des offenses est une vertu ; plus loin il est un opprobre et la vengeance est un devoir.

Relativement aux propriétés, on punit le vol dans un endroit ; on l'encourage dans d'autres, par exemple en Crète, et par suite à Sparte.

Quant aux opinions sur l'union des sexes, sur la chasteté, c'est là qu'on remarque la plus grande variété, qu'on voit permis, encouragé, quelquefois même ordonné dans un pays ce qui est puni dans un autre ;

(*a*) Voir la note 8.
(*b*) Voir la note 9.

Il en est de même de toutes les actions (*a*) ; elles sont blâmables, indifférentes, ou louables selon les tems et selon les lieux. Humanité, probité, honneur, justice, vertus quelconques, vous n'êtes donc que des résultats de conventions arbitraires, vous n'êtes donc que de vains noms !

C'est ce dont je ne saurais convenir, et c'est faute de faire une distinction bien simple, qu'on est conduit à une conclusion aussi erronée et dont les suites sont quelquefois si funestes à la société.

CHAPITRE DEUXIÈME.

Réfutation des Objections.

Les objections énumérées plus haut peuvent et doivent se diviser en deux classes, relatives, la première au manque total de conscience, la seconde à la diversité des consciences.

(*a*) Voir la note 10.

SECTION Ire.

Première classe d'Objections.

Manque total de conscience.

Je crois, contre l'avis de beaucoup de personnes, qu'il se rencontre effectivement des êtres absolument dénués de tout sentiment du bien et du mal, de toute conscience, sans retenue, sans remords ; mais on conviendra du moins qu'ils sont en très-petit nombre.

Si je ne voulais opposer que des mots à cette objection, je dirais avec plusieurs moralistes : « il naît aussi des hommes privés de quelques organes ; le manque de ces organes chez eux empêche-t-il de les reconnaître chez les autres ? De même, le manque de conscience chez certains hommes en détruit-il l'existence chez la majorité ? Ne ririons-nous pas si quelqu'un venait nous nier l'existence de la lumière, parce qu'il est des individus qui ne peuvent la voir ? Aveugle moral, ta cécité ne prouve pas plus contre la lumière de la conscience, que celle de l'aveugle physique ne prouve contre la lumière du soleil. »

Mais à ce raisonnement si fréquent l'on répliquerait avec raison que la comparaison est fautive, que la lumière physique s'aperçoit au moyen d'un organe connu, que dèslors la possession ou la privation de cet organe doit constituer la clairvoyance ou la cécité physique, tandis que l'on ne connaît pas d'organe pour faire distinguer la lumière de la conscience, et que l'on ne sait ainsi à quoi attribuer la faculté de la voir ou de ne la voir pas.

Toutefois la comparaison ne serait-elle pas plus juste si, au lieu de la faire entre des choses d'ordres différents, entre la conscience et des organes physiques, on la faisait entre des choses d'ordre semblable, d'ordre moral, entre la conscience et le raisonnement, et si l'on disait : « de ce que certains hommes raisonnent faux, s'ensuit-il qu'il n'existe aucune

loi de raisonnement? De ce que certains hommes n'ont pas de conscience, ou n'en n'ont
qu'une mauvaise, s'ensuit-il qu'il n'existe aucune loi de conscience? »

Je conviendrai cependant que si l'on n'a-
vait, pour démontrer la morale, d'autre
preuve que celle de la conscience, il serait
impossible de condamner les hommes qui
sont dépourvus de cette dernière, sans néanmoins que par cette raison on pût rejeter les
lois de la morale pour les autres hommes;
car le petit nombre des premiers devrait les
faire regarder comme des phénomènes, ou
mieux comme des monstres, et il faudrait les
négliger pour s'occuper seulement du grand
nombre qui formerait la règle, dont ils seraient
des exceptions, heureusement fort rares.

Mais comme le raisonnement, indépendamment de la conscience, indique les règles que
nous avons posées, elles ne se trouvent pas
ébranlées par les exemples qu'on pourrait al-
léguer du défaut de cette dernière.

Enfin, ajoutera-t-on, que répondre à des

êtres à qui la conscience ne fera pas sentir la morale , et à qui le raisonnement ne la démontrera pas?

Le raisonnement strict, sage, conduisant à la morale; il s'ensuit nécessairement que ceux qui ne la reconnaissent pas raisonnent faux , et que dès lors leur opinion devient de nul poids contre notre système. Cette reflexion me suffit en ce moment, où je veux seulement détruire l'argument qu'on pourrait tirer de cette opinion, et non m'occuper des peines à infliger.

Si l'on demande ensuite quel devra être notre mode d'action à l'égard de ces individus qui croyent réellement qu'il n'existe pas de morale et qui se conduisent conséquemment à cette croyance : j'examinerai cette question dans le titre VI, après avoir traité de la culpabilité et de la pénalité en général ; car, avant de parler des règles à suivre à l'égard de ceux qui commettent des actions bonnes ou mauvaises, il faut d'abord bien fixer la nature des actions.

C'est ce que nous avons commencé à faire plus haut, et ce que nous allons achever de développer en répondant à la seconde objection, à celle de la diversité des consciences.

SECTION II.

Deuxième classe d'Objections.

Diversité des consciences.

Nous avons posé pour base de la morale et du Droit général le non-sujet de préférence entre des objets égaux et l'égalité entre les hommes ; de-là nous avons vu découler les principes suivans : manque de droits d'un homme sur un autre ; non-obligation de rapports ; dans cet état, absence de droits et de devoirs ; dans l'état de rapports, nécessité de se conduire envers chacun comme envers un autre soi-même ; enfin, dégagement de ce devoir vis-à-vis de ceux qui ne l'observent pas vis-à-vis de nous.

Voilà les seuls préceptes, réels, immuables ;

les autres sont arbitraires et par conséquent changeans.

Distinction des vertus en primaires et en secondaires.

Il faut donc bien discerner dans ce que nous appelons *vertus*, celles qui découlent directement de ces principes, de celles qui n'en sont que des applications éloignées. Je les distinguerais volontiers en *vertus primaires* et en *vertus secondaires*; les unes existant par elles-mêmes, indépendamment de toutes conventions; les autres n'existant que par l'effet des conventions.

Les unes doivent par conséquent être observées dans tout état de choses.

Les autres ne doivent l'être qu'autant qu'elles ont été convenues.

Vertus primaires.

C'est effectivement ce qui arrive; avec un peu d'attention on verra que les vertus secondaires sont les seules qui varient selon les tems et selon les lieux, et que les vertus primaires sont fixes, constantes; que leur observation, ou plutôt l'intention de les observer, se retrouve dans toutes les institutions, dans tous les usages des divers peuples; que les violations, qui en sont faites quelquefois dans ces usages et dans ces institutions, proviennent d'une erreur et non de la volonté, et dès-lors ne peuvent être proposées comme objections contre la reconnaissance de leurs principes.

Veut-on reprendre les exemples cités plus haut? lorsque le Bactrien et le Caraïbe tuent leur vieux père, ils désirent lui éviter les maux de la caducité, comme l'on peut s'en assurer par toutes les relations des voyageurs. L'Arabe, le Spartiate, le Romain, le Chinois font périr leurs enfans: le premier pour les préserver des maux de la vie; le second et le troisième pour ne pas obérer l'Etat d'êtres inutiles; le quatrième par ces deux motifs; la Chine est si peuplée, les femmes y sont si fécondes, que, malgré les expositions d'enfans, elle suffit à peine à la nourriture de ses habitans, et, d'un autre côté, l'on voit dans la continuation des Lettres édifiantes le trait récent d'une jeune Chinoise, que la crainte de ne pouvoir plus délivrer ses enfans du fardeau de la vie empêchait d'embrasser le Christianisme, pour lequel elle éprouvait cependant beaucoup de penchant.

Quant aux massacres faits dans des vues de religion, je renvoie pour leur réponse au titre VI.

Ce sera au même titre que je m'occuperai de ce qui concerne la vengeance.

Vertus secondaires.

Passant maintenant aux vertus secondaires, je rangerais dans leur classe celles sur lesquelles a porté le surplus des objections ci-dessus énoncées, celles relatives au respect pour les propriétés, aux diverses unions entre les sexes.

Respect pour les propriétés.

Le Crétois, le Spartiate volaient sans crime. D'abord, chez eux le vol était subordonné à des lois, qui ne permettaient la violation des propriétés que dans le but d'engager chacun à la surveillance des siennes; mais ensuite, eût-il été absolu, sans condition, il n'eût pas été plus blamable, du moment qu'il était consenti par tous. S'il est criminel chez nous , c'est parce que l'homme qui le commet ne remplit pas vis-à-vis des autres l'engagement qu'ils remplissent vis-à-vis de lui.

Diverses unions des sexes.

A l'égard des diverses unions entre les sexes et des régles fixant avec quelles personnes , dans quels cas, sous quelles conditions les alliances seront permises; s'il est vrai, comme nous croyons l'avoir démontré, que, antérieurement aux conventions, l'homme ne peut exiger de l'homme rien autre chose que de ne lui nuire pas; s'il est vrai dès-lors que, dans cet état de choses, toute action faite entre des individus, de leur consentement, et sans nuire aux autres, est à l'abri du reproche; ne s'ensuit-il pas qu'on sera libre de faire, au sujet des unions entre les sexes, toutes les conventions possibles; ne s'ensuit-il pas que l'établissement

des lois qui y seront relatives se fondera, non
sur des raisons morales, mais sur des raisons
de convenance selon les temps et selon les lieux,
sur des raisons politiques? Néanmoins, d'après
ce que nous avons dit plus haut relativement
aux lois, quelle que soit la loi établie à ce sujet
dans un pays, chacun doit s'y assujettir, s'abs-
tenir de telle ou telle action sans examiner si
elle est bonne, indifférente, ou mauvaise en
elle-même, mais en examinant seulement si
elle est permise ou si elle est défendue par les
engagemens sociaux, par les lois.

Il sort de mon plan de considérer quels
doivent être les fondemens des lois par rapport
à ces unions, les motifs qui feront admettre
telle union plutôt que telle autre, et sous telle
ou telle condition (a); j'avais à montrer quelles
sont les actions permises, et non quelles sont,
parmi ces actions, celles qui procurent le plus
d'avantages. Cependant, en finissant, je ferai
cette réflexion que, dans l'intérêt de la morale,

____

(a) Voir la note 8.

souvent une action, qui n'est pas immorale en elle-même, devra être défendue, parce que ses suites pourraient le devenir ou du moins empêcher des effets moraux. Ainsi, il faudra entacher, punir, autant que possible, le libertinage, qui, devenant passion ou du moins habitude, produira beaucoup de mauvais effets, sans en produire jamais de bons; il faudra, tant que des circonstances particulières ne s'y opposeront pas impérieusement, prohiber la polyandrie ou la polygamie, afin que l'attachement entr'époux, celui entre ascendans et descendans, soient plus forts, et que les liens de famille retiennent davantage chaque individu à la réunion de toutes les familles, à la patrie, et lui rendent plus facile l'exécution des devoirs de citoyen.

Pour nous résumer à l'égard des actions énoncées dans ce titre, il en est de mauvaises, quoique faites dans un but non criminel; si tu veux être honnête homme, garde-t-en en quelque pays que tu sois : il en est d'indifférentes en elles-mêmes; fais-les ou ne les fais pas selon les pays.

Après avoir posé la ligne de démarcation entre les actions; après avoir indiqué celles que nous devons regarder comme bonnes et celles qui doivent nous paraître mauvaises; après avoir répondu aux objections qui les concernent; arrivons aux encouragemens et par conséquent aux récompenses à donner aux unes, aux freins et par conséquent aux punitions à imposer aux autres.

TITRE SIXIÈME.

Encouragemens et freins, récompenses et peines.

SECTION Ire.

D'individus à individus.

Nous avons vu, à la fin du chap. 1, titre Ier., qu'il est impossible d'établir la morale sur le raisonnement seul, qu'il faut nécessairement lui donner pour base un principe non démontré par ce dernier, mais dicté impérieusement par le sens intime, le principe du libre-arbitre ; nous avons vu ensuite que, une fois le libre-arbitre adopté, le raisonnement suffit pour découvrir et pour démontrer les règles de la morale et du Droit général.

Ayant reconnu le bien et le mal dans les actions, il semble que l'admission des récompenses pour l'un et des punitions pour l'autre suit immédiatement. Cependant les principes sur lesquels nous élevons notre morale doivent nous rendre circonspects à cet égard. En effet, si nous ne pouvons sans le libre-arbitre en fonder aucune, si d'un autre côté le libre-arbitre est indiqué seulement par le sens intime, que dire à ceux qui, consultant ce sens, y trouvent bien la loi du libre-arbitre, car il n'y a pas d'hommes qui n'en éprouve le sentiment, mais y trouvent en même tems celle de la non-existence du bien et du mal, à ceux qui, entraînés par des penchans irrésistibles, n'ont effectivement pas de libre-arbitre, à ceux qui le perdent dans l'accès d'une passion, à ceux qui sont dans le délire, à ceux qui sont dans la folie ? Comment en outre fixer où s'arrête l'état de délire, celui de folie ? Comment même faire au juste la distinction de ce que nous appelons et folie et raison ? Quel moraliste assez hardi pour poser la barrière qui doit séparer ces deux états ? On passe de l'un à l'autre par des transitions insensibles, et je ne puis songer aux actions regardées comme les plus raisonnables et à celles regardées comme les plus folles, sans me rappeler ce fameux ruban du père Castel, où, par des nuances insaisissables, on arrivait du blanc le plus éclatant au noir le plus foncé.

Accuserons-nous donc de culpabilité, frapperons-nous donc de vengeance, les êtres dont nous venons de parler ? Il est évident que nous ne pourrions le faire sans injustice.

Mais comme nous ne saurions connaître en quel état moral se trouvait un homme quand

il a fait le mal, et par conséquent s'il l'a
fait sciemment ou non, ayant ou non la
faculté de résister, dans une bonne ou dans
une mauvaise intention, il s'ensuit que, si la
morale a ordonné sévérité pour soi-même,
elle n'ordonne pas moins impérieusement, en
thèse générale, indulgence pour autrui. Ces
deux maximes, offertes souvent comme préceptes religieux, c'est-à-dire comme ordres
non démontrés, sont ici dictées par le raisonnement. Aimons et estimons l'homme qui
sait connaître et pratiquer la vertu, car nous
sommes sûrs qu'il lui a fallu des efforts pour
y parvenir; plaignous, sans le détester, celui
qui s'en écarte, car nous ne sommes pas sûrs
qu'il ait été libre de ne pas y manquer : dès-
lors, soyons sensibles toujours à la reconnaissance, jamais à la vengeance; recherchons
les bons, et rendons-leur le bien pour le
bien; évitons les méchans, mais ne leur ren-
dons pas le mal pour le mal.

Telles sont les règles de la morale, si on
examine seulement l'action qui a été com-

mise, si son impunité ne doit pas donner naissance à d'autres; mais les mêmes règles doivent-elles nous guider lorsque, portant nos regards dans l'avenir, nous voyons que l'impunité d'un premier mal doit nous en occasionner par la suite un nouveau? En nous ordonnant d'oublier le passé, la morale nous ordonne-t-elle de ne pas prévoir l'avenir? En nous ordonnant de ne pas nous venger d'une première lésion, nous ordonne-t-elle de ne pas nous défendre contre une seconde?

Non certes : et la punition sera bien permise, pourvu qu'elle n'ait que ce dernier but ; car de l'égalité entre les hommes, du manque de droits de l'un sur l'autre, il suit pour chacun de nous le droit d'empêcher qu'on ne lui nuise, il suit, ainsi qu'il a été dit tit. Ier, que les obligations n'existent qu'à la charge de réciprocité. Dès-lors celui qui m'attaque rompt le lien qui seul s'opposait à ce que je l'attaquasse moi-même, et me donne le droit d'employer contre lui tous les moyens que je croirai propres à me garantir d'un être nuisible, sans que j'aie à m'occuper de la question de sa culpabilité. Mais comme ce droit ne résulte que de celui de défense, comme son effet n'a pour but que de me procurer la sûreté, je ne puis l'exercer que dans les cas où ma sûreté l'exige, c'est-à-dire dans ceux où l'impunité devrait me faire craindre un nouveau mal, soit de l'auteur du premier, soit d'autres individus qu'elle encouragerait à l'imiter.

SECTION II.

D'une société vis-à-vis de ses membres.

CES principes, applicables aux réactions d'un homme contre un autre homme, le sont encore plus à celles de la société contre un de ses membres, aux lois pénales. Le droit, qu'avait déjà l'offensé vis-à-vis de l'offenseur, trouve ici un nouvel appui dans le consentement de ce dernier; en effet, on sait que l'homme condamné par un jugement, rendu d'après une loi, est jugé par lui-même, en ce sens qu'on lui fait l'application d'une disposition convenue d'avance par lui contre le genre de l'action commise par lui dans la suite.

Si une loi pénale d'une société frappe un individu qui n'est pas membre de cette société, ce cas rentre dans celui, énoncé plus haut, de la simple défense personnelle, dans celui d'un individu agissant contre un autre, d'un tout contre un autre tout.

SECTION III.

Vengeances particulières dans l'état de société.

On ne demandera pas sûrement si dans l'état de société le citoyen doit avoir recours aux lois pour obtenir la punition d'une offense, ou s'il lui est permis de se faire justice à lui-même. Ceci n'est pas susceptible de faire question. Si la loi défend de se faire justice à soi-même, vous ne pouvez vous la faire parce que, ainsi que nous l'avons dit tit. III, ch. 1, sect. 3, la première vertu de l'homme en société est l'observation des lois, c'est-à-dire des engagemens sous lesquels est formée cette société ; si la loi vous laisse le choix d'avoir recours à elle ou à vous-même, optez selon votre goût ; enfin, si elle se tait sur le genre de l'injure qui vous est faite et si elle n'a point préalablement défendu en thèse générale les réactions personnelles, pas le moindre doute que vous ne soyez en droit de suppléer à son silence.

La Loi doit-elle les prohiber, les permettre ou les encourager.

Une question plus sérieuse est celle de savoir si la loi doit prohiber, permettre ou même encourager les vengeances particulières ?

Cette question ayant encore moins de rapport au juste qu'à l'utile, à la morale qu'à la politique, sera traitée ici très-brièvement. Sa solution dépend de l'état dans lequel se trouve la nation.

Chez un peuple d'une civilisation déjà avau-
cée, où des tribunaux bien organisés donne-
ront aux offensés des moyens faciles d'avoir
recours à la loi, où une force armée fournira
à cette dernière la puissance de faire exécuter
ses jugemens, il faudra prohiber les vengeances
particulières, qui, venant de l'offensé, c'est-
à-dire d'un être à-la-fois partie, juge et exé-
cuteur, sont guidées, non par la raison, mais
par la passion, et conséquemment outrepassent
le but ; il faudra s'en rapporter plutôt à la loi
qui n'aura qu'un intérêt moins susceptible de
passion parce qu'il sera indirect, et d'un meilleur effet parce qu'il ne sera que l'intérêt
général.

Lorsqu'au contraire il n'existera qu'une
société mal organisée, peu capable de répres-
sion contre les offenseurs, il faudra permettre
à chacun de se procurer à lui-même une sûreté qu'on n'est pas certain de pouvoir lui
donner.

Enfin, quand la société offrira seulement
des parties incohérentes, des familles qui se

regarderont plutôt comme des corps séparés que comme des membres d'un corps plus grand ; l'unique moyen d'arrêter le crime sera la crainte des vengeances particulières ; elles devront être encouragées. Aussi les voit-on s'établir chez tous les peuples-enfans, et se perpétuer chez quelques-uns selon leur genre de vie, surtout chez les peuples chasseurs, ou chez les peuples nomades ; chez les premiers, parce que leur habitude d'isolement, sans laquelle ils ne pourraient réussir dans leurs attaques contre les animaux, leur peu de besoin de réunion, ou même leur besoin de séparation, doivent les faire rester sans aucune organisation politique ; et chez les seconds, parce que leur seule co-propriété de bestiaux entre quelques individus, la nécessité de grands intervalles à laisser entre les différens propriétaires, afin que les pâturages puissent leur suffire, leur changement de terrain à chaque saison, occasionnent naturellement moins d'attachement pour le sol, pour la patrie, pour un lien commun, et les maintiennent dans un état politique de subdivisions en famille, en tribus au plus.

Dans les cas où l'on croira reconnaître l'utilité des vengeances particulières, il faudra souvent, afin qu'elles inspirent une crainte suffisante, intéresser toute la famille de l'offensé contre l'offenseur, quelquefois même contre toute la famille de l'offenseur; et, ne pouvant rendre assez fort le lien de la grande société, celui qui des diverses familles ne fait qu'un seul tout, il faudra resserrer davantage celui des petites sociétés, celui de famille.

Mais cette méthode qui aura un bon effet tant que le peuple restera dans un degré peu avancé de civilisation, en produira un mauvais quand il s'agira de perfectionner l'organisation du corps social; alors l'esprit de famille, qui donne l'habitude de regarder chaque petite société comme un tout indépendant, deviendra un obstacle à l'esprit social, qui cherche à ne les faire regarder que comme des parties d'un autre tout, et qui éprouvera dès-lors beaucoup plus de difficultés pour donner de l'extension à un sentiment que l'esprit de famille aura concentré.

Ce peu de mots sur les vengeances particulières montre qu'ici, comme dans beaucoup d'autres circonstances, ce ne seront souvent pas des motifs différens, mais les mêmes motifs soutenus de moyens différens, qui feront encourager des dispositions opposées; réflexion qu'il ne faut point perdre de vue dans les comparaisons à établir entre les divers législateurs, et entre les divers fondateurs de religions.

SECTION IV.

Règles des récompenses et des punitions.

APRÈS avoir admis les récompenses et les punitions, nous aurions maintenant à voir quelles règles elles doivent suivre, ou, en d'autres termes, comment il faut reconnaître les actions et quelles actions il faut reconnaître : mais cet examen exigerait seul un traité entier, et sort d'ailleurs, en grande partie, du sujet de cet ouvrage, où il suffit d'indiquer, sans entrer dans les détails, le devoir de récompenser les bonnes actions et le droit de punir les mauvaises; je ne dirai donc qu'un mot sur les règles à suivre pour l'application de ce principe.

§. Iᵉʳ.

Manière de reconnaître les actions.

Ce qui a été dit en la première section de ce titre, doit naturellement faire conclure que la morale ordonne les réactions de bienveillance comme rémunérations pour le passé, et permet les réactions d'hostilité seulement comme frein pour l'avenir; que dès-lors la vengeance, si ce mot peut être pris dans le sens que je vais lui donner, doit avoir pour but, non de sévir contre un premier mal, mais d'en prévenir un nouveau.

Cette manière d'envisager les récompenses et les punitions est évidemment d'une grande influence pour leur emploi, pour leur quantité, pour leur force, pour la fréquence de leurs applications.

Ces règles gouvernant les rapports de la société vis-à-vis des particuliers comme ceux des particuliers entr'eux, c'est bien à tort, selon moi, qu'on a consacré l'expression de *vindicte publique*; ceux qui l'adoptent annoncent qu'ils méconnaissent entièrement le principe et le but des lois pénales.

Il n'est peut-être pas inutile de rappeler ici une observation faite au titre III, chap. 1, sect. 5, relativement à la reconnaissance. Nous y avons vu que, pour être d'égale valeur, un bienfait rendu doit être plus grand qu'un bienfait reçu; on sent qu'il en est de même d'une lésion, d'où il résulte que celui contre qui on emploiera une loi plus forte que celle du talion ne sera pas en droit de se plaindre, puisque cette dernière ne tient aucun compte de l'initiative.

En m'exprimant ainsi, je parle uniquement du droit que l'on a de suivre cette règle, et non de l'avantage qu'on trouverait à se guider sur elle, dans la distribution des peines; car je crois aucontrairebien démontré, par le raisonnément et par l'expérience, que la principale puissance des peines est une puissance morale, et qu'ainsi celles qui paraissent faibles produisent, lorsqu'elles sont bien distribuées, le même effet que les fortes, et méritent par conséquent la préférence.

Quant à la distinction à faire dans les punitions infligées par la société entre celles qui le sont à ceux de ses membres et celles qui le sont à un étranger, je renvoie à ce qui a été dit à la fin de la section 2 de ce titre.

§. II.

Actions à reconnaître.

Les actions doivent être examinées sous un double rapport, sous leur rapport avec la so

ciété, et sous leur rapport avec l'auteur des actions, ou autrement, sous celui de l'effet, et
sous celui de l'intention ; l'un est principalement l'objet des dispositions générales, positives, des lois; l'autre, celui des dispositions particulières, non fixées, concernant les cas que les
lois n'ont pas pu ou n'ont pas dû embrasser.
L'accomplissement des premières forme la simple justice, et, pour me servir d'expressions usitées, la justice explétrice, celle des obligations
parfaites ; celui des secondes forme la justice
plus étendue, celle appelée attributrice, celle des
obligations imparfaites, l'équité : l'un suffira
pour faire le bon citoyen ; il faudra encore l'autre pour faire l'honnête homme, car, ainsi que
nous l'avons dit au commencement du titre
premier, la législation, le Droit positif, n'est
qu'une partie de la morale, et même en est
une partie très-modifiée.

*Différence entre les jugemens de la Morale et ceux
d'une Législation.*

La morale, guide des cas particuliers, doit

reconnaître les actions autrement que la législation, guide des cas généraux ; la première considère l'essence des actions, ce qu'elles sont en elles-mêmes ; la seconde considère principalement leur suite, ce à quoi elles peuvent servir ; dès lors l'une ou l'autre devra se taire, quelquefois même approuver, quand l'autre devra blâmer. Dans ce dernier cas, comme nous l'avons montré tit. III. chap. 1. sect. 5. et sous les réserves qui y sont indiquées, la voix de la législation doit être écoutée préférablement à celle de la morale isolée ; la législation qui voudrait voir avec les yeux, juger avec l'esprit de la morale, observerait une justice apparente, mais non une réelle, puisque les lois doivent tendre au but qui fait former toute société, au plus grand bien du plus grand nombre, pour l'obtention duquel chacun consent à voir négliger les considérations qui lui seraient particulières ; enfin le législateur est un mécanicien qui juge dans sa loi l'effet général d'une machine, sans s'occuper dés frottemens partiels ; mais la machine est d'autant plus

parfaite qu'il existe moins de ces frottemens ,
et la loi d'autant plus belle qu'il y a moins
de règles de morale pure de blessées, et qu'elle
se rapproche plus à cet égard de ce qu'elle
aurait dû être si on n'avait eu en vue que les
rapports de deux contractans.

Pour exemples de la diversité, et quelquefois même de l'opposition, entre les jugemens
de la morale et ceux du Droit positif, prenons
les manques d'intention.

Aux yeux de la morale, tout manque d'intention au moment de l'action suffira pour
rendre cette action in différente ; mais en Droit
positif, il n'en sera pas toujours de même.
Ainsi l'aliénation, quelle qu'en soit la cause,
produira cet effet pour la morale ; elle ne
le produira pour le Droit qu'autant qu'elle
ne proviendra pas d'une cause que l'on croira
possible d'éviter, comme l'ivresse, la colère
ou toute autre passion.

S'agit-il de juger l'acte commis dans une de
ces dernières aliénations ? Bon ou mauvais, il
sera aussi indifférent pour la morale que s'il

eût été commis dans l'aliénation mentale, dans l'aliénation-maladie, parce que l'auteur était également hors d'état d'agir avec discernement: le Droit au contraire récompensera la bonne action, parce qu'il ne voudra voir que l'intérêt de la société à en faire naître de semblables, n'importe par quel moyen; et il punira la mauvaise, parce que, s'il ne peut voir de culpabilité au moment de l'action, il en voit antérieurement, pour s'être mis hors d'état de savoir ce qu'on ferait; il regarde bien que, dans cet état, le hasard seul décide si l'individu fera le mal, et parconséquent s'il sera puni, mais cela n'empêche pas le Droit d'être juste en sévissant contre celui qui a consenti à courir cette chance.

Mais s'agit-il de juger ce genre d'aliénation momentanée, non-maladie, indépendamment de l'action à laquelle elle a donné naissance? souvent le Droit positif ne punira qu'autant qu'on aura fait le mal; mais la morale regardera comme aussi blâmable celui qui ne l'aura pas fait que celui qui l'aura fait, celui qui aura fait le bien que celui qui aura fait le mal, parce que ces deux hommes, s'étant également mis dans un état de déraison, ont consenti également à ce que leurs actions dépendissent du hasard, et non de leur volonté.

SECTION V.

Effet des encouragemens et des freins en général.

Il n'est pas besoin de parler de l'effet des récompenses et des punitions; on sent qu'il est indépendant de l'opinion qu'on peut avoir relativement au libre-arbitre; que, même en supposant l'homme entraîné par ses penchans, elles serviront à développer ou à contenir ces mêmes penchans; que les premières, par l'espérance du bien personnel, augmenteront la tendance à obliger; et que les secondes, par la crainte du mal, arrêteront la tendance à nuire.

SECTION VI.

Effet des Religions en particulier.

Je ne crois pas devoir finir le titre des encouragemens pour le bien et des freins pour le mal, sans dire un mot sur l'effet des religions.

Une fois que l'homme a embrassé l'idée d'un être supérieur, d'un Dieu, capable de s'intéresser aux choses de ce monde, une fois qu'il ne se croit plus que l'esclave de ce Dieu, il doit naturellement regarder tous ses autres devoirs comme subordonnés à celui d'exécuter les volontés qu'il lui présume, n'être plus enfin qu'un instrument, susceptible, selon l'idée qu'il prêtera à son Dieu, des actions les plus opposées, faisant le bien ou le mal, non pour les faire, mais pour obéir.

On sent donc que, selon la manière dont l'homme se représentera ce Dieu, l'effet des religions sera bon ou mauvais, resserrera ou relâchera ses liens vis-à-vis de ses semblables, le rendra meilleur ou pire , sanctionnera ou détruira la morale ; mais , pour répondre aux objections que certaines actions religieuses , et notamment celles énoncées tit. V. chap. 1., peuvent faire tirer contre la morale, on sent aussi que , quelle soit la manière d'agir de l'homme dans ces circonstances , il faut en conclure , non pas qu'il méconnaît l'existence des devoirs de l'homme vis - à - vis de l'homme , mais qu'il les croit subordonnés à ceux de l'homme vis-à-vis d'un être préférable à lui, vis-à-vis d'un Dieu , et tellement subordonnés que , pour plaire à ce Dieu , il ira souvent dans son erreur jusqu'à sacrifier des hommes ; et il les sacrifiera , tantôt pour venger ce Dieu d'êtres qu'il croit devoir l'offenser , tantôt pour lui offrir les objets qu'il regarde comme les plus précieux , croyance qui quelquefois le portera à immoler les individus les plus chers ou à s'immoler lui-même. Mais aussi , la même envie d'être agréable à Dieu pourra le pousser aux actions les plus sublimes. Lucrèce n'était pas de bonne foi , lorsque, après n'avoir cité que de mauvaises actions ordonnées par les religions, il se récriait sur les maux qu'elles occasionnent ; et, quand il dit : *tantùm religio potuit suadere malorum, tant la religion put conseiller de maux*, on est bien en droit de lui répondre : *Tantùm religio potuit suadere bonòrum, tant la religion put conseiller de biens*; c'est ne pas voir les choses que de les voir seulement d'un côté. Cette idée d'un être supérieur fera donc le plus grand bien ou le plus grand mal, selon la manière dont elle sera conçue.

Je ne m'occupe ici des religions que comme institutions humaines, et non comme institutions divines. Achevant de les envisager sous le premier côté, on voit qu'elles devront être confirmatives de la morale, de la législation ; qu'il faudra leur appliquer tous les raisonnemens faits sur les législations ; qu'elles ne seront même que des législations d'un genre particulier ; qu'elles seront susceptibles, comme les autres, de modifications et de changemens ; qu'elles devront en recevoir selon les

tems et selon les lieux, ordonner dans un tems
et dans un lieu ce qu'elles défendront dans d'autres; que des hommes avec des intentions semblables, placés dans des tems ou dans des
lieux différens, pourront par ces raisons dicter
des religions qui offriront entr'elles de grandes
différences; mais que ces différences, comme
celles des autres législations, ne rouleront que
sur les moyens et non sur le but, qui sera
toujours d'offrir un encouragement au bien,
et un frein au mal.

Mais veut-on considérer les religions comme
institutions divines? Il me faut garder le silence
sur elles dans un ouvrage, où je m'occupe,
non de ce qui doit être cru par la foi, mais
de ce qui est démontré par le raisonnement,
où dès lors j'examine la morale, le Droit général, comme un tout parfait, pouvant être
trouvé par l'homme seul, et non comme une
partie d'un autre tout, qui lui serait donné
par une intelligence supérieure.

Morale sans religion.

Après ce que j'ai dit sur la morale et sur la religion, est-il nécessaire d'attaquer une proposition, émise tous les jours par tant de gens, celle que sans religion il n'y a pas de morale? Je crois avoir fait voir que pour démontrer l'existence de cette dernière, il suffit du raisonnement, aidé du sentiment du libre-arbitre : l'existence de la morale une fois démontrée indépendante de celle de la religion, la proposition n'a donc plus trait qu'à son exercice. Il est hors de doute, comme nous l'avons déjà dit, que la religion, bien entendue, sera d'un effet très-utile pour la morale, qu'elle sera une sanction des préceptes de cette dernière, un stimulant pour leur accomplissement; mais il n'en résulte pas qu'elle lui soit indispensable, il n'en résulte pas que sans elle cette dernière ne saurait subsister. Je plains celui qui peut dire que sans la religion il ne pratiquerait pas la morale : je plains le malheureux qui a besoin de ce lien pour être contenu dans le devoir, celui qui, pour faire le bien aux hommes, a besoin de croire à un Dieu rémunérateur, celui qui, pour ne pas leur faire du mal, a besoin de croire à un Dieu vengeur, celui qui ne peut être vertueux que par l'espérance d'une récompense et par la crainte d'une punition, celui dont la conduite me rappelle l'usage des anciens Gaulois, qui prêtaient dans ce monde à condition de remboursement dans l'autre, celui dont les bonnes actions n'offrent que l'image de prêts à usure, celui enfin qui, ne pratiquant la vertu que par intérêt personnel et non par amour du devoir, ne trouve pas la plus grande récompense de la vertu dans son exercice même.

On sent que ce discours n'est pas dirigé contre tout homme religieux, mais seulement contre celui qui reconnaît avoir besoin de la religion pour exercer la morale ; autrement, il serait absurde de prétendre, parce qu'un homme a de la religion, que sans elle il n'aurait pas de morale.

Je crois aussi inutile d'ajoûter que ces raisonnemens ne mettent pas en droit d'induire de ma part une opinion négative sur une religion comme institution divine. Dire que, sans la religion, la morale doit avoir assez de force pour se maintenir, assez d'attraits pour se faire suivre, ce n'est pas pour cela rejeter la première.

J'arrive à la fin de cet ouvrage; j'ai tâché de remonter à la source du Droit, d'établir ses principes fondamentaux, et ceux de la morale de raisonnement, de montrer l'unité du Droit, de faire voir que les différens Droits ne sont que des applications différentes, des subdivisions d'un seul, des ramifications d'un même tronc.

Sans doute j'ai fort mal réussi dans cette entreprise; sans doute elle exigeait des forces bien supérieures aux miennes : mais si je n'obtiens le plaisir du succès, j'aurai toujours eu celui de l'étude, toute science me paraissant mériter d'être cultivée pour elle-même ; et l'excuse de ma hardiesse se trouvera dans cette vérité, émise par Fontenelle, que « pour faire tout ce qu'on peut, il faut souvent essayer plus qu'on ne peut. »

NOTES.

NOTE PREMIÈRE.

LIBRE-ARBITRE, *c'est-à-dire, non la faculté de délibérer avant d'agir, mais celle d'agir avec liberté.*

JE vais examiner si le raisonnement seul démontre le libre-arbitre, et, en cas de négative, quelles raisons doivent le faire admettre.

Comme je n'ai en vue que la morale, je négligerai beaucoup de questions de métaphysique, fort intéressantes en elles-mêmes, mais indifférentes à mon sujet.

Ire. PARTIE.

Le raisonnement seul démontre-t-il le libre-arbitre ?

1°.

Existence des corps.

AVANT de traiter la question du libre-arbitre, qui a pour but de savoir si nous pouvons exécuter des lois de morale, il serait à propos de traiter la question de l'existence des corps, autres que le *moi*, qui aurait pour but de savoir s'il existe des lois de rapports à observer. Mais cette question, que le sentiment tranche sans difficulté, est insoluble pour le raisonnement ; controversée souvent, elle l'a toujours été sans succès ; les philosophes se sont inutilement épuisés en système, afin d'expliquer comment le *moi* a connaissance du *non-moi*.

Les uns, pour éluder la difficulté, n'ont fait qu'un seul être du *moi* et de la *nature*, soit en considérant le *moi* comme une partie indivise de la *nature*, soit en regardant la *nature* comme un résultat du *moi*, en ne voyant en elle que nos idées.

Les autres, en convenant de l'influence de notre organisation sur la connaissance que nous acquerrons des objets, n'en ont point conclu que ces objets n'existent pas.

Parmi ces derniers, les uns en ont au contraire affirmé l'existence, et se sont lancés pour la démontrer dans des hypothèses, qui, plus ou moins spécieuses, n'en étaient pas moins des hypothèses, c'est-à-dire des principes non prouvés ; d'où il est arrivé que chacun, fort pour attaquer le système de ses adversaires, était impuissant pour soutenir le sien.

Les autres, renonçant à toute explication, ont pris pour principe celui de n'en avoir aucun, celui du doute absolu.

2°.

Connaissance que nous pouvons avoir des corps.

Je passe aussi avec rapidité sur le genre de connaissance que nous pouvons avoir de ces corps, sur l'objection qu'ils n'existent pas pour nous comme réunions de qualités absolues, qui nous sont nécessairement inconnues, mais seulement comme réunions de qualités relatives, qui seules sont à notre portée, comme causes de sensations; que la différence de sensations de chacun amène une différence dans ses idées sur les êtres, sur les rapports de ces êtres entr'eux, et qu'on doit convenir de ce résultat, quelle que soit l'opinion sur la question de savoir si toutes ou seulement quelques-unes de nos idées viennent des sens, ou même si les sensations ne sont que les occasions de la totalité ou d'une partie de nos idées.

N'ayant à nous occuper que des lois de rapports d'homme à homme, il suffit, relativement à l'objection de la différence des sensations, que cette différence ne soit pas assez forte pour empêcher l'accord unanime des idées sur ce qu'on doit regarder comme *un homme.*

3°.

Mode de leur existence.

Une fois l'existence des corps admise, il faut pour notre question du libre-arbitre, chercher comment le monde et nous nous existons. Est-ce comme incréés? Est-ce comme créés?

Regarde-t-on le Monde comme incréé?

Contre cet avis s'élève l'objection de l'incompréhensibilité du non-commencement de la matière.

Je néglige celle qui consiste à dire qu'il n'y a pas d'effet sans cause, parce que, supposant même que cette fameuse discussion de la causalité fut éclaircie, ce qui n'est pas, l'objection de la causalité, qu'on ferait en faveur d'un créateur, se ferait également contre lui. Car s'il n'y a pas d'effet sans cause, quelle serait sa cause à lui? Ce sont de ces raisonnemens qu'on peut employer pour ou contre, ou plutôt qu'on ne peut employer ni pour ni contre.

Dans le cas de la non-création, l'homme n'étant qu'un résultat des combinaisons de la matière incréée , sera nécessairement soumis aux lois de ces combinaisons, et n'aura dès-lors pas de libre-arbitre.

Regarde-t-on le Monde comme créé ?

Cause première.

Il existera alors une cause première et créatrice, et cette cause sera incréée et sans commencement.

Mais il se présente d'abord deux difficultés qu'on ne saurait lever.

Celle de l'incompréhensibilité d'un non-commencement,

Et celle de l'incompréhensibilité de la création, dont l'homme ne peut avoir aucune idée; il ne peut exécuter, il ne peut concevoir que l'action de faire une chose avec une autre ; mais il ne saurait se figurer celle de faire quelque chose avec rien, c'est-à-dire de *créer.*

Matérialité ou Spiritualité de cette cause.

En outre, on demandera si cette cause est de même ou de différente nature que le monde, ou, selon le langage reçu, si elle est matérielle ou spirituelle.

Si la cause première est matérielle, on rentre

dans la question du non-commencement de la matière, et qu'est-il alors besoin de cette cause?

Si elle est spirituelle, 1°. Comment imaginer l'existence d'une substance dont nous sommes hors d'état de nous représenter aucune des qualités? 2° Comment nous, qui ne pouvons comprendre de rapports que ceux qui subsistent entre des qualités connues de nous, saurions-nous en concevoir entre cette substance inconnue, et celle de notre monde? Comment saurions-nous entendre qu'une substance, dont les qualités n'ont aucun rapport avec celle du monde, agisse sur cette dernière.

Ainsi l'on rencontre une objection contre la non-création; deux contre la création, en supposant la cause créatrice matérielle; et quatre, en la supposant immatérielle. Mais le nombre plus ou moins considérable de ces objections ne me paraît pas une raison suffisante pour faire opter; car, du moment qu'il y en a d'insolubles des deux côtés, peu importe, selon moi, où s'en trouve la plus grande quantité.

Pour décider en faveur de la seconde opinion, de celle d'une cause créatrice, on argumente de l'*ordre* et de la *conservation* qui existent dans le monde; mais voyons s'il y a réellement ordre et conservation.

Ordre.

D'abord, qu'est-ce que l'*ordre*? l'arrangement, la disposition des choses dans l'état qui leur est convenable.

Mais pour savoir si leur arrangement est convenable ou non, il faudrait savoir ce à quoi elles sont destinées; l'idée d'*ordre* et celle de *finalité* doivent sinon se confondre, du moins se prendre simultanément.

Or quelle finalité, quel but pouvons-nous affirmer dans le monde, et dès-lors comment pouvons-nous dire s'il y a ordre?

Veut-on, pour l'idée d'ordre, se contenter de lois quelconques, il y aura toujours ordre, ou plutôt on ne comprendra ni l'ordre ni le *désordre*. Il existera toujours des lois; ce seront, dans le mouvement celles de la dynamique, dans le repos celles de la statique, dans la division des parties celles de la répulsion, dans leur agglomération celles de l'attraction, etc., etc. La non-fixité de tel état ne prouvera jamais le manque, mais toujours le changement de lois; quand un tout se divisera en plusieurs parties, ce seront les lois de répulsion qui

seront substitués à celles d'attraction ; quand plusieurs masses se réuniront en une seule, ce seront
les lois d'attraction qui remplaceront celles de
répulsion, etc., etc. Que signifiera alors le mot
ordre ?

Mais laissons cette difficulté ; l'ordre ne sera
toujours qu'une chose relative. Qu'est-ce qui nous
assure que ce qui nous paraît ordre, n'est pas
désordre en soi-même ? Dans un fruit brisé, con-
cassé, où tout semble en désordre à l'homme, qui
embrasse les rapports qu'ont entr'elles des parties
plus grosses, peut-être tout semble-t-il en ordre au
ciron, qui aperçoit seulement les rapports de
parties plus tenues. Ce sont toujours nos lois
cognitives que nous prenons pour des lois réelles.

Et en outre, supposant même que nous jugions
bien ce qu'est l'ordre, le voyons-nous si parfait
dans l'univers ? Ne voyons-nous pas au physique,
des volcans, des tremblemens de terre, des parties
du globe brûlées, d'autres glacées, quelques-unes
desséchées, d'autres inondées, des maladies, des
douleurs ; et, au moral, des vices, des crimes, des
peines ?

Conservation.

Quel tems faut-il pour que nous en prenions l'idée ? un instant ?..... nous l'attacherons donc à l'objet qui naîtra et qui mourra daus le même moment ; et quelle différence ferons-nous entre conservation et destruction ? des années, des siècles ?... Mais, par rapport à l'immensité du tems, quelle différence y a-t-il entre des années, des siècles, et un instant ?

Mais négligeant l'idée du tems, de la durée, je vais plus loin. Ce mot *conservation* n'est-il pas vide de sens ? renfermera-t-on sous lui l'idée de permanence dans le même état ? Il ne pourra recevoir d'application ; car, dans la nature, tout, à chaque instant, change d'état, croît ou décroît. L'emploiera-t-on quand il y aura changement d'état ? Il sera encore plus insignifiant ; car ce que nous appelons *destruction* n'est autre chose qu'un changement d'état. L'entendra-t-on comme un changement d'état moins prompt ? Il n'y aura donc d'autre différence entre la conservation et la destruction que celle du plus au moins, et qui fixera où s'arrête le plus, où commence le moins ?

C'est en vain que, sans jeter ses regards sur les parties de notre globe et ne les portant que sur l'ensemble des sphères, on prendra l'idée de permanence dans le même état et d'ordre constant. Qui dira depuis combien de tems cet état existe, combien de tems il doit durer encore, s'il est essentiel ou seulement accidentel? Ne conçoit-on pas des causes qui peuvent le changer d'un moment à l'autre? N'en peut-il pas exister d'étrangères au système? Ne peut-il pas s'en trouver dans le système même? Ne suffirait-il pas d'un bouleversement dans un des globes, pour opérer sa séparation en plusieurs parties, pour varier ses rapports d'attraction, et par conséquent de révolutions, avec des globes voisins, et de ceux-ci avec d'autres, pour les rapprocher, pour les précipiter les uns sur les autres, et pour détruire le système du monde?

Nous ne saurions donc pas plus avoir l'idée de l'ordre et de la conservation du monde, que celle de sa création. Nous ne saurions donc pas plus concevoir une cause ordonnatrice et conservatrice, qu'une créatrice.

Mais, d'un autre côté, nous ne saurions concevoir la non-création, le non-commencement de

la matière ; le raisonnement ne peut nier ni affirmer aucune de ces deux opinions.

Je me rappelle à ce sujet le trait d'un sophiste
d'Athènes, qui, après avoir, dit-on, prouvé au
peuple assemblé, l'existence des causes dont il vient
d'être question, lui proposa de prouver ensuite
leur non-existence. On se trompe : le sophiste ne
pouvait prouver ni l'une ni l'autre de ces opinions,
mais il pouvait facilement prouver que l'une ou
l'autre viendrait échouer contre des objections in-
surmontables.

Je ferai à ce sujet une réflexion dont l'application
sera utile plus tard. Quand dans ces questions,
l'affirmative et la négative, dont l'une ou l'autre
a cependant la vérité pour elle, sont également
combattues par le raisonnement, ne doit-on pas être
en garde contre lui, et se méfier de ses décisions.

MAIS, pour continuer notre discussion relativement au libre-arbitre, comme nous avons vu que le
raisonnement ne le démontre pas dans la supposition de la non-création, voyons si nous serons plus
heureux dans la supposition contraire ; admet-
tons les causes créatrice, ordonnatrice et conservatrice, que, pour plus de simplification, nous réu-

nirons en une seule, dont le dogme de la Trinité, qui se trouve dans plusieurs religions, n'est peut-être que le symbole ; et accordons à cette cause la puissance d'avoir agi, ou d'agir sur les corps.

Je demande alors quel est son mode d'action ? Il ne peut avoir lieu que de deux manières, ou d'une seule fois au moment de la création, ou à plusieurs reprises au moment de chaque action ; et dans l'un comme dans l'autre cas le libre-arbitre n'existe point.

Le raisonnement, loin de l'établir tend donc à le détruire dans l'hypothèse de la création, comme dans celle de la non-création ; car la conséquence sera la même, soit que l'on considère l'homme comme le résultat d'un assemblage de matière in-créée, qui, ainsi que tout corps constitué, rece-vrait irrésistiblement des principes constituans toutes ses propriétés, toute sa manière d'être, soit qu'on le considère comme l'ouvrage d'une cause qui agirait sur lui.

Quelle serait donc la supposition à faire pour démontrer le libre-arbitre.

(193)

4°.

La plus facile serait celle d'une cause, qui, après
nous avoir créés sans nous donner une détermina-
tion fixe, nous laisserait ensuite agir sans influer
sur nos actions.

Ce peut être là une opinion de sentiment, mais
ce n'en n'est pas une de raisonnement : analysée par
ce dernier, elle n'offre que des propositions incohérentes et dont la réunion est vide de sens.

Car en raisonnement, il est hors de doute que
la manière d'être dépend de l'organisation, et que
l'organisation dépend de l'être organisateur et non
de l'être organisé, que dès lors nous sommes assujettis par cette organisation comme une machine
par sa construction, et gouvernés par nos passions
comme une machine l'est par son moteur.

5°.

Dira-t-on que notre manière d'être, de penser,
d'agir, ne dépend pas de notre organisation ? Je
n'entends plus ; c'est dire que notre manière d'être
dépend pas de notre manière d'être.

Corps et Ame.

Mais , ajoute-t-on , cela signifie que la manière d'être de l'âme ne dépend pas de l'organisation du corps.

Examinons quel sera l'effet de cette distinction de l'âme et du corps? Je la trouve inutile et même plus embarrassante.

Cette distinction est inutile. Quels sont en effet les motifs qui la font reconnaître? Le phénomène de la pensée et le besoin de l'immortalité, afin de concevoir la vertu récompensée et le vice puni, ce qui n'a pas toujours lieu dans ce monde.

Mais relativement au premier motif, lorsque nous croyons, dans l'hypothèse de la non-création à un non-commencement incompréhensible et, dans, l'hypothèse contaire, à une création aussi incompréhensible; lorsque nous voyons les milliers d'organisation que cet être inexplicable appelé *matière* a pu prendre dans la première hypothèse, et recevoir dans la seconde , pourquoi voudrions-nous nier l'existence d'une organisation , au moyen de laquelle cet être eût la faculté de penser? Comment pouvons-nous dire si la pensée répugne ou non à la nature de la matière? Pour avoir un avis à ce sujet, il faudrait connaître celle-ci par définition; et, comme on ne la connait que par observation, les seules lois qu'on puisse affirmer à son égard sont celles que l'expérience a mises au jour.

Relativement au second motif, le besoin, le désir que nous avons d'une chose peut-il servir en rien de présomption pour son existence? et d'ailleurs, en employant encore le raisonnement auquel nous avons eu recours plus haut, si nous pensons que la matière a pu ne pas commencer ou bien être créée, nous repugne-t-il plus de penser qu'elle peut revivre, on ne pas périr toute entière? Soyons conséquens, si nous adoptons l'incompréhensible dans un cas; ne l'offrons pas comme objection dans un autre.

Il n'est pas besoin de faire observer que le mot *périr* est impropre, car rien ne périt; l'anéantissement est aussi incompréhensible que la création, tout change seulement, la matière minérale devient végétale, cette dernière devient animale etc. , etc.; c'est un cercle continuel, très-bien exprimé par la métempsicose de Pythagore.

Cette distinctiom est plus embarrassante. Voici l'admission d'un second être incompréhensible, et d'une action non-moins incompréhensible de lui sur le premier. Loin de voir dans ce cas la solution d'une difficulté, je n'y vois que la substitution de deux difficultés à une.

En effet, si l'on dit que la faculté de comparer les sensations différentes doit mener à l'idée d'un centre commun, d'un organe qui les percevrait toutes, d'un sens général, *sensorium commune*, et à celle de la nature simple de ce sens, nature différente de celle qu'on suppose à la nature, et appelée pour cela *immatérielle*, comment d'un autre côté concevrons-nous un être immatériel, c'est-à-dire privé de toutes les qualités à nous connues, n'ayant que de celles que nous ne connaissons pas? Comment concevrons-nous ensuite que cet être immatériel puisse agir sur un être matériel.

Veut-on qu'il agisse directement comme dans le système de l'*influx physique* ou des *influences physiques*? mais, d'après nos idées, il ne peut être touché ni toucher, *tangere enim et tangi nisi corpus nulla potest res.*

Veut-on, comme dans le système du *médiateur plastique*, que l'âme et le corps n'agissent l'un sur l'autre que par un intermédiaire d'une nature mitoyenne, communiquant avec l'âme par sa partie immatérielle, et avec le corps par sa partie

matérielle ? même difficulté ; car comment la partie
matérielle du médiateur agira-t-elle sur sa partie
immatérielle ?

Enfin, veut-on qu'ils n'agissent pas l'un sur
l'autre, mais seulement qu'ils agissent d'accord,
ainsi que deux horloges à ressorts entièrement
pareils, comme dans le système de l'*harmonie
préétablie*; ou bien que les sensations de l'un ne
soient, comme dans le système des *causes occasion-
nelles*, que les occasions et non les causes des idées
de l'autre, qui, toutes et à chaque instant, viendraient du créateur, source de toutes les idées,
réunissant en lui tous les *types*, *archétypes*, *mo-
dèles*, et en qui nous verrions tout. Alors, à quoi
bon, dans ces deux derniers systèmes, admettre ces
deux êtres différens, puisque dans le premier ils
agiraient aussi bien l'un sans l'autre, qu'ainsi un
seul suffirait, et que dans le second cet être immatériel, recevant toutes ses idées d'un créateur,
et ne pouvant rien par lui-même, est absolument
inutile ? Ajoutez, pour notre question du libre-
arbitre, que ces deux systèmes tendent à le détruire,
puisqu'ils supposent, le premier, pour l'âme et pour
le corps des mouvemens correspondans, connus
d'avance par le créateur, et dès-lors invariables, et

le second, une cause dont viendraient nos pensées, ou plutôt qui penserait pour nous.

Pourquoi donc s'épuiser en systèmes pour se déguiser une impossibilité d'explication ? Pourquoi vouloir toujours décider quand il n'y a des raisons que pour douter ? Ces mots « je n'en sais rien » sont-ils donc si difficiles à prononcer ? ne faut-il pas, bon gré mal gré, les dire à chaque pas, à chaque instant ?

Mais adoptons cette distinction de l'âme immatérielle et du corps matériel, quel en est l'effet ? De reculer la question d'un pas; car on sera bien forcé d'avouer que l'âme dépendra de son organisation personnelle, et que ce ne sera pas elle qui se sera organisée.

Ainsi donc de quelque côté que vienne notre volonté, soit de nous-mêmes, c'est-à-dire de notre organisation première, soit d'une cause ordonnatrice à chaque instant ; dans tous les cas nous ne sommes, en consultant le raisonnement seul, que des êtres obéissans à une force indépendante de nous.

6°.

Délibération avant d'agir.

Enfin, dit-on, l'homme est né libre puisqu'il délibère.

Une comparaison va répondre à cette objection. Mettons dans les deux plateaux d'une balance des poids très-différens, à l'instant elle devient stationnaire : des poids moins différens, elle vacille un peu avant de se fixer : des poids très-peu différens, elle est tres-long-tems avant de parvenir à l'état d'équilibre.

Pauvres humains ! voilà peut-être nos *délibérations*, dont le nom ne signifie même rien autre chose. Qu'une forte passion agisse seule, ou en combatte seulement une faible, nous n'hésitons pas ; une moins faible que celle-ci, nous délibérons ; que deux presqu'équivalentes luttent entr'elles, alors nous mûrissons nos réflexions, alors nous sommes fiers de notre liberté. Qui de nous, avec un peu de connaissance du cœur humain, après avoir étudié la manière d'être d'un individu, ses diverses passions, ne s'est pas dit, en le voyant dans un état que ce dernier appelle de délibération, et que j'appellerais volontiers de vacillation : « Il ne sait pas encore de quel côté il va pencher, mais c'est de tel côté que la passion la plus forte l'entraînera ? » Qui ne l'a dit souvent avec autant de sûreté que, connaissant la longueur, la grosseur, la densité des bras d'une balance, de ses plateaux, de ses cordes, et la pesanteur des poids, il pourrait affirmer quel plateau entraînera l'autre.

Je n'entame pas la question de l'unité ou de la pluralité des organes de la pensée. Que les passions opposées viennent d'un même organe influencé par des causes différentes, ou qu'elles viennent de plusieurs organes, n'importe : elles sont ; voilà tout ce qu'il nous faut ici.

7°.

Remords après avoir fait le mal.

Arrivons au dernier argument en faveur du libre-arbitre, à celui tiré des *remords*, ce mot étant pris ici dans son acception la plus restreinte et la plus usitée, c'est-à-dire comme exprimant le chagrin que l'on ressent d'avoir fait une mauvaise action. Plusieurs philosophes lui ont donné un sens plus étendu, en le définissant une réaction contre une action opposée à la disposition la plus habituelle de notre nature ; et ainsi ils admettent le remords du malhonnête homme qui a fait le bien, comme celui de l'honnête homme qui a fait le mal. Quel que soit le sens dans lequel on prenne ce mot, notre raisonnement restera le même.

Les remords, s'écrie-t-on, les remords ne sont-ils pas une preuve de la liberté ? Le chagrin qu'on ressent d'avoir mal opté ne montre-t-il pas qu'on était libre d'opter autrement ?

Je ne sais ce que cela veut dire ; l'homme était libre, dit-on, de faire la bonne action qu'il n'a pas faite : soit ; mais il était libre aussi de faire la mauvaise action qu'il a faite : qu'est-ce qui a décidé le choix entre ces deux libertés ? Une manière de sentir, une passion qui l'a emporté, parce que dans ce moment elle était la plus forte. Or, dire qu'on était libre de faire deux choses, mais qu'une cause devait faire faire l'une préférablement à l'autre, n'est-ce pas dire qu'on n'était libre que d'en faire une, ou autrement qu'on n'était pas libre ? Le remords vient ensuite d'une autre passion, qui, dans le moment où l'homme a ce remords, est plus forte que celle qui l'a fait agir, soit parce que cette dernière est satisfaite, soit parce que son objet est éloigné.

8º.

Chagrin en faisant le mal.

Il ne faut pas non plus parler du chagrin qu'on éprouve souvent au moment même de faire la mauvaise action; il vient de ce que la passion qui s'y oppose, quoique moins forte que celle qui y pousse, ne laisse pas cependant que d'offrir une résistance plus ou moins grande.

La délibération avant d'agir, le chagrin en agissant, le remords après avoir agi, ne prouvent donc point le libre-arbitre.

De tout ce qui précède, il résulte donc que le raisonnement seul, loin d'établir le libre-arbitre, tend au contraire à le détruire.

Il est une autre philosophie qui attaque une grande partie des objections faites ci-dessus, et dont j'ai rejeté ici l'exposé succinct pour servir de transition entre ce qui vient d'être dit sur le raisonnement nu et ce qui va l'être sur le sens intime; je veux parler de *transcendantalisme.*

Au lieu de porter d'abord son attention sur les objets de nos connaissances , il la porte d'abord sur notre faculté cognitive ; au lieu de décider que les lois, suivant lesquelles nous percevons nos connaissances des objets, viennent des objets eux-mêmes, il décide qu'elles résident en nous , et modifient l'impression de ces objets ; il distingue dans l'idée que l'on a des objets deux élémens , l'élément *objectif* ou l'impression qui vient de l'objet , et l'élément *subjectif* ou l'impression de sa propre forme que chaque sujet met à l'impression extérieure ; d'où il résulte 1º. Que chacun doit, selon son organisation différente , voir différemment les mêmes choses, en avoir des idées différentes, comme des miroirs de formes diverses fourniront des images diverses d'un même objet ; 2º. Que chacun peut connaître dans les choses seulement le résultat de la modification qu'il leur imprime , le *relatif*, le *phénoménal*, le *subjectif*, et non ce qu'elles sont en elles-mêmes, l'*absolu* , le *nouménal*, l'*objectif* ; 3º. Que tout ce qui est immuable en nous, quand tout change autour de nous, n'existe qu'en nous, n'est que *subjectif*, comme par exemple les régles de la logique.

Il s'ensuit que donner ces régles de la logique

comme des lois *réelles* et non comme des lois *sub-jectives*, comme celles de notre conformation intellectuelle, est aussi erroné de notre part qu'il le serait à un miroir d'une forme quelconque de soutenir que les objets ont la forme qu'il représenterait.

Dès-lors, pour faire l'application de ce système aux questions examinées plus haut, sur l'existence des corps, sur les causes créatrice, ordonnatrice et conservatrice, sur l'âme, sur le libre-arbitre, comme tous les raisonnemens reposent sur les lois de notre entendement, sur celles de causalité, de relationnalité, d'action et de réaction, etc., on devra dire qu'ils ne sont pas suffisans pour faire nier l'existence des corps, celles de leur cause, de l'âme et du libre-arbitre.

Jusque-là le système me paraît à l'abri de toute attaque ; mais s'il démontre qu'on ne peut prouver la non-existence du libre-arbitre, est-il aussi heureux pour prouver son existence ? Il donne comme véritables les sentimens de la conscience sur cette raison que l'homme, s'examinant lui-même, est à la fois le sujet et l'objet, le connaissant et le connu ; mais cela ne prouve pas que les lois qu'il découvre dans sa conscience soient réelles. Les raisonnemens ajoutés pour soutenir cette proposition, ceux que l'homme n'est pas destiné seulement à connaître, mais aussi à vouloir, qu'il doit exister des lois pour la *volition* comme il en existe pour la *cognition* ; que ces lois doivent se trouver en moi, etc., etc., tous ces raisonnemens, dis-je, me semblent sappés dans leur base par cette idée, fondamentale du système, qu'ils sont seulement nos manières de voir, et non des lois réelles. Il en est de même des sentimens : les régles qu'un individu croit devoir observer vis-à-vis d'un autre, ne sont également que *sub-jectives* : en outre, si l'on veut regarder comme *réelles* les lois que l'homme trouve en lui, indé-pendamment des objets, celles nommées *pures*, on pourra bien prétendre que les lois de la morale sont vraies par cela seul qu'on les sent ; mais il faudra reconnaître de même la certitude des principes intellectuels purs, au nombre desquels sont ceux de causalité et de relationnalité, et alors, en élevant d'un côté le libre-arbitre, on fournira de l'autre des armes pour le renverser.

Dès-lors si l'on peut dire que le raisonnement ne détruit pas le libre-arbitre, on ne peut pas dire qu'il l'établit.

Mais s'ensuit-il que nous devons nier le libre-arbitre ?

C'est ce que je ne saurais croire, et ce que je vais examiner dans la seconde partie.

IIe. PARTIE.

Quelles raisons doivent faire admettre l'existence du libre-arbitre ?

Sans faits premiers, indépendans de toute explication, le raisonnement ne serait toujours qu'un cercle vicieux, ou plutôt il n'y aurait pas de raisonnement ; il ne peut procéder qu'en allant du connu à l'inconnu, du même au même, d'un fait d'un ordre à un autre du même ordre : toutes les sciences physiques reposent sur des faits premiers qu'on est forcé d'admettre, sans pouvoir les démontrer, mais qui ne servent que pour cet ordre ; les sciences morales doivent de même partir d'un fait premier de leur ordre, que la logique ne pourra prouver. Le raisonnement n'est que la faculté de déduire des conséquences, dont quelques-unes prennent le nom de *principes*, mais qui présupposent toutes pour base un fait originel, indépendant de lui, un fait sur lequel tous les argumens, nommés principes, doivent être calqués, et qu'ils doivent tous rappeler, d'une manière plus ou moins directe.

Ainsi, quelque stricte que soit la logique qui a mené à des conséquences, dès qu'on rencontre un fait qui les contrarie, on doit les abandonner, faire céder le calcul au positif, et s'accuser, sinon d'avoir pris une mauvaise méthode de déduction, du moins d'avoir ignoré une chose, qui, si elle eût été connue, eût changé ou eût modifié le résultat auquel on est arrivé.

C'est ce que l'on fait à chaque instant dans les sciences physiques. Je ne perdrai pas de tems à en donner plusieurs exemples : tous les hommes qui les ont tant soit peu étudiées, diront que, pour citer, on n'éprouverait que l'embarras du choix. Contentons-nous donc d'un seul exemple, pris au hazard. On sait que le calorique tend à se mettre en équilibre dans les corps : ne connaissant que ce principe, on affirmera que l'approche de tout corps chaud, occasionnera de la chaleur à un d'une température moins élevée. Cependant le contraire arrive quelquefois : versez sur votre main une liqueur volatile, approchez ensuite cette main d'un foyer de chaleur, et à l'instant vous y éprouverez une grande sensation de froid. Il faudra bien qu'ici la présomption, indiquée par le raisonnement, cède au fait et que, avant de découvrir la loi du calorique enlevé aux corps environnans par tout corps qui se vaporise, vous commenciez, en sentant le refroidissement occasionné par l'approche d'un corps chaud, par laisser dans cette circonstance votre principe d'équilibre de calorique entre les différents corps.

C'est ce qu'on doit faire aussi dans les sciences morales où il faut examiner plutôt que raisonner, ou mieux, raisonner seulement sur le résultat de l'examen, prendre le raisonnement, non comme créateur, mais comme régulateur, adopter d'abord les lois qu'on sent exister, et employer le raisonnement, non à les combattre pour en créer ensuite d'autres qui sembleraient meilleures, mais à les combiner et à en faire ressortir des principes. Que dans des discussions captieuses, on parvienne à démontrer, sinon la non-existence des corps, du moins le manque de preuves de leur existence, cesserons-nous pour cela de croire à cette existence, cesserons-nous pour cela de croire à la nôtre? Et, avant que notre raisonnement nous ait fourni des armes assez puissantes pour renverser ce système, ou même lorsqu'il ne nous en fournira que pour le défendre, lorsqu'il nous dira de nous y soumettre, ne serons-nous pas plutôt dociles à la voix de notre sens intime, qui nous crie de le rejeter? Pour éviter de nous laisser égarer par le raisonnement, ne cherchons-nous pas un guide dans ce *sens intime*, ou *instinct naturel* ou *sens commun*, comme l'ont nommé plusieurs philosophes?

De même, quand ici notre raisonnement nie un fait qu'affirme notre sens intime, celui du libre-arbitre, n'est-ce pas ce dernier que nous devons croire préférablement? N'est-ce pas à lui à fournir pour l'édifice de la science morale, comme les autres sens fournissent pour l'édifice des sciences physiques, les matériaux que le raisonnement ne doit que co-ordonner?

Lorsqu'à chaque pas, à chaque instant, nous voyons l'insuffisance de notre raisonnement, les erreurs où il nous conduit; lorsque dans l'ordre métaphysique, comme nous avons eu déjà occasion de le remarquer en traitant de l'existence d'une cause première et de celle de l'âme, nous rencontrons des questions où l'affirmative et la négative, dont l'une ou l'autre doit cependant être exacte,

14

sont toutes deux attaquées par des argumens d'une force égale ; lorsque dans l'ordre physique nous trouvons tant de choses au-dessus de notre esprit, tant de phénomènes tels que, loin de les prévoir, il en eût souvent annoncé de contraires, ne sommes-nous pas forcés d'avouer que l'incompréhensibilité d'une chose n'est pas un motif de rejet, comme la facilité pour la concevoir n'en est pas un d'adoption, qu'enfin la pretention de prendre notre intellect pour l'arbitre du possible, et à plus forte raison du réel, serait une prétention vraiment ridicule? Le raisonnement ne nous ordonne-t-il pas lui-même dans l'ordre physique de croire à des faits qui nous sont connus par nos sens extérieurs, et dont seul il n'eût pas indiqué ou dont il eût même nié l'existence? Ne nous dit-il pas de même dans l'ordre moral, lorsqu'isolé il nous donne des principes opposés à ceux qui nous sont connus par notre sens intime, de lui préférer ce dernier? Enfin ne sommes-nous pas obligés d'admettre, dans l'ordre moral, comme dans l'ordre physique, des faits que l'on sent, mais qui se refusent à toute explication, des *évidences de sentiment*, aussi bien que des *évidences de raisonnement*, et de prendre même celles-là pour bases de nos connaissances ?

N'hésitons donc pas à croire au libre-arbitre, dont notre sens intime nous empêche de douter.

~~~~~~

NOTE DEUXIÈME.

Non pas que je prétende avancer que c'est pour cela que ce penchant se trouve en nous : il y est, il y sert à la conservation ; voilà tout ce qu'on sait. Mais est-ce pour cela qu'il s'y trouve ? Personne ne peut le dire ; nous sommes trop ignorans pour établir un *système d'intentions finales* ; et c'est encore moins en zoologie que partout ailleurs que nous pourrions admettre ce système, quoiqu'il ne soit pas de science sur laquelle on l'ait plus appuyé, et sur laquelle on puisse l'appuyer avec plus d'apparence, en ne voyant les choses que d'un côté ; comme il n'en est pas aussi qui, en les examinant d'un autre, puisse mieux servir à le détruire.

Ce système, soutenable jusqu'à un certain point en regardant chaque être comme un monde isolé, ne l'est plus quand on veut l'appliquer à l'ensemble des êtres, aux rapports qui les unissent. Par exemple, l'on s'extasie sur les moyens que la nature a donnés aux animaux pour trouver leur
~~~~~~

nourriture, et l'extase ne cesse pas quand ces animaux sont des carnivores, c'est-à-dire que tout est fort bien arrangé pour que les uns mangent les autres.

Ainsi, les carnivores ont généralement l'odorat plus fin, l'œil plus perçant que les herbivores, afin de pouvoir mieux sentir et mieux voir les animaux dont ils doivent se nourrir ; et parmi ces derniers qui servent de proie, de peur qu'ils ne manquent à leur destination, les organes avertisseurs sont moindres chez ceux qui ont des organes de locomotion plus rapides. Aux moyens de trouver, ajoutez ceux de déchirer, dents, griffes, etc., dont les carnivores sont si bien pourvus ; et, afin qu'ils ne soient jamais privés de subsistance, on voit dans les espèces qu'ils dévorent, un luxe de naissance prodigieux, qui fournit à chaque instant de nouvelles victimes. Quelquefois cependant les malheureux individus de ces espèces faibles ont en eux quelques moyens de défense. A l'aspect de son ennemi, le hérisson, se roulant sur lui-même, n'offre plus qu'une boule imprenable ; le chien, qui l'attaque, se déchire inutilement la gueule ; mais le renard attend ; et comme la force musculaire du hérisson ne lui permet pas de prolonger au de-là d'une demi-heure environ cet état de contraction, après ce tems il est mangé. Quel beau système d'intentions finales, quels soins bien entendus, s'ils n'ont pour but que celui de faire blesser et jeûner le chien, de retarder la jouissance du renard et de prolonger l'agonie du hérisson ! Malgré cela, il faut convenir que tout est assez bien disposé pour la classe des carnivores, et surtout pour nous. Aussi, établissant le droit par le fait, disons-nous que tout est créé pour nous, de même que dans certains cas il arrive que quelques-uns d'entre nous sont créés pour les tigres et pour quelques autres animaux.

Mais notre admiration ne cesserait-elle pas, ne changerions-nous pas de langage si nous changions de classe ? Ne trouverions-nous pas quelques défauts dans le système des intentions finales ? ne trouverions-nous pas qu'il eût été aussi simple de ne pas créer de carnivores, et de rendre la terre plus fé-conde ou les herbes plus succulentes pour nourrir tous les herbivores, ou de donner aux premiers moins de besoins à satisfaire, ou moins de facultés pour se reproduire, se multiplier, etc., etc. ? Enfin, ne penserions-nous pas qu'au lieu d'organiser la nature, pour un état de guerre, c'est-à-dire de souffrance continuelle, il eût été aussi bien de l'organiser pour un état de paix , c'est-à-dire de bonheur.

Si l'on veut à toute force admettre des intentions finales , les apparences ne nous en présentent pas d'autres que la tendance à la permanence des espèces , mais la plus grande indifférence pour le sort des individus.

NOTE TROISIÈME.

A la vérité, il ne serait pas difficile de tirer du même ouvrage, des principes presque opposés à ceux énoncés dans ce chapitre; il suffirait pour cela de lire les ch. 7e., 8e. et surtout le 9e., du même livre; mais, à la manière différente dont ces derniers sont rédigés, on distingue facilement ce que le raisonnement enseignait à l'auteur, et ce que la flatterie lui dictait, la partie réelle de l'ouvrage et la partie de complaisance, si je puis me servir de cette expression ; on voit sans peine que les erreurs sont là afin d'obtenir grâce pour la vérité.

Au surplus, Puffendorff, selon moi , était jurisconsulte, mais n'était point philosophe. Imbu des principes de notre législation et de la législation romaine, il semble le plus souvent ne pénétrer dans la législation générale que pour trouver des appuis aux deux premières, et c'est presque toujours d'après ce qui est qu'il juge de ce qui doit être, donnant comme décidé ce qui devait être mis en question.

Quant à son commentateur Barbeyrac, on aurait peine, je crois, à trouver une tournure d'esprit moins philosophique, et plus disposée à sacrifier la vérité aux intérêts du pouvoir.

NOTE QUATRIÈME.

« Les grands, disait Massillon à Louis XV dans son quatrième dimanche du Carême, ne doivent leur élévation qu'aux besoins publics, et, loin que les peuples soient faits pour eux, ils ne sont eux-mêmes tout ce qu'ils sont, que pour les peuples. » C'est pour les peuples tous seuls, ajoute-t-il plus bas, que le trône est élevé ; en un mot, les grands et le prince ne sont, pour ainsi dire, que les hommes du peuple ». principe qu'il répète à chaque instant, notamment dans son sermon pour le dimanche des Rameaux, où il s'exprime en ces termes.

« Oui, sire, c'est le choix de la nation qui mît d'a-
bord le sceptre entre les mains de vos ancêtres, c'est
elle qui les éleva sur le bouclier militaire et les pro-
clama souverains : le royaume devînt ensuite l'hé-
ritage de leurs successeurs; mais ils le dûrent au
consentement libre des sujets : leur naissance les mît
ensuite en possession du trône; mais ce furent les
suffrages publics qui attachèrent d'abord ce droit
et cette prérogative à leur naissance; en un mot,
comme la première source de leur autorité vient
de nous, etc.

Ce que proclamait un orateur sacré, on peut le
citer sous un petit-fils de S.-Louis; ce qu'entendait
un monarque absolu, on peut, à plus forte raison,
le répéter sous un roi qui s'honore du beau nom de
roi constitutionnel, c'est-à-dire, *roi suivant les
constitutions.*

Ces vérités, présentées par Massillon, des milliers
d'auteurs les ont prouvées d'une manière victorieuse;
par exemple Puffendorff, sans oser toutefois le dire
formellement, dans son traité des *devoirs de l'homme
et du citoyen liv. 2 chap.* VI, Montesquieu dans plusieurs passages de son admirable ouvrage sur
l'Esprit des lois, et notamment chap. XXIII,
liv. 26; Jean-Jacques dans son Contrat social, et

surtout chap. 1 et 18, liv. III. Comme d'un autre côté la plupart des auteurs, qui ont démontré l'existence du mandat de la part des peuples, ont démontré également combien ces derniers devaient craindre de le révoquer; je renvoye au surplus à ce que j'ai déjà dit sur ce sujet dans mon discours préliminaire, à la fin du tableau de nos Variations politiques.

Ces opinions ne sauraient paraître offensantes pour la royauté. Quel titre peut au contraire sembler plus flatteur, que celui de consentement général ?

Les rois eux-mêmes songent-ils à nier que le consentement de leurs concitoyens est le seul titre réel au trône ?

On regarde quelquefois comme le désaveu de cette vérité les deux formules usitées par nos rois, celle qui commence et celle qui termine leurs ordonnances : *roi par la grâce de Dieu* et *car tel est notre bon plaisir*. Mais, si l'on veut remonter à la source de ces formules, on verra qu'elles sont loin de devoir être ainsi interprêtées.

La première fût prise contre des puissances ennemies, surtout contre celle des papes, et non contre les concitoyens. Dans les tems où l'évêque de Rome prétendait, pour me servir des expressions de Boniface VIII, *commander à tout l'univers, gouverner les rois avec la verge de fer, leur ôter leur couronne, et les briser comme des vases de terre*, les chefs de notre nation voulûrent, par cette formule expresse, proclamer l'indépendance de la couronne de France, annoncer au nom de la nation, qu'elle ne reconnaissait point, sur la terre, de puissance dont elle dut relever. Voilà l'unique sens de cette formule; elle ne signifie point que le roi regarde que son seul titre au trône est *la grâce de Dieu*; ce serait dire en d'autres termes qu'il n'a aucun titre; comme rien, d'après les idées que nous avons de Dieu, n'arrive sans sa volonté, ou plutôt sans sa permission, mot moins noble mais exprimant mieux notre pensée parce qu'il ne renferme pas celle de fatalité, prendre la permission de Dieu pour un titre, ce serait déclarer juste tout ce qui réussit, ce serait légitimer tous les crimes heureux, et, pour faire une application à l'espèce dont il s'agit, ce serait légitimer le succès de toute entreprise contre la couronne; tandis que le consentement des concitoyens tend au contraire à rendre cette couronne sacrée.

Quant à la seconde formule, elle n'est autre

chose que l'aveu de la souveraineté de la nation.
Elle vient des premiers tems de la monarchie, de
ceux où les lois se faisaient dans les assemblées de
tous les citoyens, et étaient alors sanctionnées par
les mots suivans, qui leur avaient même fait donner
le nom de *placita*, placites : « *ità enim placitum
nobis est, car c'est ainsi qu'il nous a plu ,* » à
nous qui avons composé la loi, c'est-à-dire à tous
les sociétaires. Comment penser que nos rois enten-
dent autrement cette formule? Ce mot collectif
notre ne prouve-t-il par le sens qu'ils lui donnent. Pour méconnaître leur intention, il faut donc
leur supposer, contre toute vraisemblance, l'idée
absurde qu'un roi vaut intrinséquement plusieurs
de ses concitoyens.

NOTE CINQUIÈME.

Il paraît, d'après les nombreuses discussions qui
ont toujours eu lieu à ce sujet, qu'en politique la
valeur des chiffres de ce total est une chose bien
difficile à fixer.

Les uns veulent que le premier des chiffres ré-
présente le premier individu de l'ordre social, et

que celui-ci ait à lui seul plus de valeur que tous les autres ensemble.

D'autres ont soutenu que l'ordre des valeurs commence par les derniers.

Plusieurs le font commencer par ceux du milieu, ou seulement par les premiers de ce milieu.

Enfin quelques personnes, rares autrefois, très-nombreuses aujourd'hui, ne voyent dans le signe d'un total que des abréviations de $1 + 1 + 1$, etc. ; et pensent dès-lors que si, quand il s'agit de traiter vis-à-vis des tiers, ce total peut être représenté par des chiffres quels qu'ils soient, il faut, quand il s'agit d'estimer les parties de ce total, ne voir plus que des chiffres égaux, que de simples unités.

Pour distinguer ces quatre espèces d'arithméticiens-politiques, on leur a donné différens noms. Mais comme ces noms ont souvent varié de signification, ou que même on les a souvent employés sans y attacher d'idées fixes, et sans en être pour cela moins prêts à s'entre-tuer à leur sujet, je ne sais quel sens on leur attribue aujourd'hui, et par conséquent je ne m'en servirai point. D'ailleurs, je ne voudrais pas m'attirer des querelles de mots ; elles sont trop vives : quant aux pensées, je n'hésite pas à les représenter : pourvu que je ne donne pas de noms aux diverses classes, je ne m'exposerai qu'à une querelle d'idées; on est bien moins acharné dans ces dernières.

NOTE SIXIÈME.

C'est ce que Mahomet défendit en disant : » Ne te lie pas le bras au col ; mais ne l'étend pas de toute son étendue, de peur d'être exposé au blâme ou à la mendicité, chapitre du Coran intitulé le *Voyage nocturne*, traduction de M. Savary.

Mais Jésus-Christ agit plus sagement en ne faisant point, contre un excès si rare, une défense, dont l'homme est si enclin à abuser.

Le précepte du Coran est meilleur à suivre; celui de l'Evangile est meilleur à donner en thèse générale.

NOTE SEPTIÈME.

On me dira que c'est toujours soi qu'on aime dans les autres, et que tous les sentimens peuvent être ramenés à *l'égoïsme*. C'est possible; mais cette discussion est indifférente ici; par ces mots *préférer le bonheur d'autrui au sien*, j'entends *procurer à autrui les choses qui font le bien de celui auquel elles arrivent, lui éviter celles qui font son mal, et les lui procurer ou les lui éviter préférablement à soi*: peu importe qu'alors on ait soi ou lui en vue, qu'on n'agisse que pour lui, en pensant qu'on s'immole effectivement soi-même, ou qu'on n'agisse que pour soi, en pensant que, si on se conduisait autrement, le malheur de l'être aimé rendrait plus malheureux soi-même: cette question a pour but de savoir le fruit qu'on se propose d'une action, et non l'ordre que donne le devoir. Ici, au contraire, je cherche à savoir l'ordre qu'impose le devoir, et non le fruit auquel on aspire. Mais, s'il fallait prendre une opinion à ce sujet, je pense bien qu'il est des actions entièrement dépouillées du sentiment d'égoïsme, faites avec un désintéressement pur : par exemple, est-ce moi que j'aime dans l'être que, pour son intérêt, j'engage à se séparer de moi, quoique je sois certain, d'un côté, que cette séparation me coûtera mon bonheur, et d'un autre, que, si je le faisais rester auprès de moi, l'espèce de peine que j'éprouverais d'avoir nui à ses intérêts serait dissipée par l'effet du tems, ou deviendrait plus faible que le chagrin d'être séparé de lui ?

<center>~~~~~~</center>

NOTE HUITIÈME.

On ne saurait croire qu'un homme d'un esprit aussi supérieur que l'était Grotius ait émis de bonne foi ce dernier avis, et l'on ne peut s'empêcher d'approuver la réflexion que fait à ce sujet J.-J. Rousseau dans son Contrat social, liv. II ch. 2 : « Grotius, réfugié en France, mécontent de sa patrie, et voulant faire sa cour à Louis XIII, à qui son livre est dédié, n'épargne rien pour dépouiller les peuples de tous leurs droits et pour en revêtir les rois avec tout l'art possible. » Il est pénible de penser que les hommes qui ont assez de talent pour découvrir la vérité, n'ont souvent pas assez de noblesse et de fermeté pour la dire, ou du moins pour ne pas soutenir l'erreur, et qu'en lisant un ouvrage il faut examiner, non seulement les raisons de logique, mais aussi les raisons d'intérêt qui ont pu faire adopter à l'auteur telle ou telle opinion.

NOTE NEUVIÈME.

On apportait aux pieds du père l'enfant nouveau né ; s'il consentait à s'en charger, il le prenait dans ses bras, *tollebat* ; d'où est venue l'expression *élever un enfant.*

NOTE DIXIÈME.

Dans quelques provinces ils ne gardent qu'une fille sur deux ; ils noient l'autre, au moment de sa naissance, dans un seau d'eau, placé à ce dessein près du lit de la mère.

NOTE ONZIÈME.

Chez plusieurs peuples on prohibe le mariage entre parens déjà éloignés. On l'autorisait en Assyrie et en Perse entre la mère et le fils ; en Tartarie, entre le père et la fille ; en Perse, en Egypte, entre les frères et sœurs germains, utérins ou consanguins ; à Alexandrie et à Athènes, entre le frère et la sœur consanguins; à Lacédémone, entre le frère et la sœur utérins, etc.

Ici, le mari n'a qu'une femme et la femme n'a qu'un mari. Ailleurs, dans presque tous les climats chauds, le mari a plusieurs femmes; et, dans certains climats froids de l'Asie, la femme a plusieurs maris.

Selon les tems et selon les lieux, le mariage est dissoluble ou indissoluble, est ou non un engagement exclusif.

Selon les tems et selon les lieux, l'époux s'offense de l'infidélité de sa femme, ou bien se fait un plaisir de la prêter; tantôt seulement à ses concitoyens, comme à Sparte et par suite à Rome, tantôt à ses hôtes, de quelque nation qu'ils soient, comme cela eût lieu chez presque tous les anciens peuples de l'Asie, comme on en trouve encore des vestiges dans certaines parties de l'Arabie; tantôt à tous les étrangers, lors des prostitutions dans les temples, en Phénicie, en Lydie, à Babylone, etc.

Les religions de ces tems sanctifiaient ce que des religions postérieures ont réprouvé; et dans plusieurs religions modernes, les premiers livres saints présentent souvent en ce genre , comme indifférentes , des actions qu'elles regardèrent plus tard comme des crimes.

~~~~~~~

NOTE DOUXIÈME.

Au surplus, si l'on veut savoir quel doit être l'esprit de ces lois, qui sont le fondement de l'état des personnes , et qui occupent dès-lors un des premiers rangs dans l'ordre politique et le premier dans l'ordre civil , on n'a qu'à consulter l'admirable ouvrage de Montesquieu. On y verra expliquées l'influence du climat, qui , selon la proportion entre les naissances des garçons et celles des filles, fera tendre à le polyandrie ou à la polygamie, qui en outre favorisera ou entravera cette dernière, selon le rapport entre le développement physique et le développement moral des femmes; l'influence du genre de vie des peuples et celle des raisons politiques, qui feront rapprocher ou éloigner les degrés de prohibition pour les alliances, la première, selon que les membres des familles vivront plus ou moins rassemblés, selon que les femmes
~~~~~~~

seront ou non renfermées, selon qu'il y aura des occasions plus ou moins fréquentes de séductions ; et la seconde, selon que la forme du gouvernement exigera la concentration ou la division des fortunes. On y verra aussi données les raisons particulières de certaines unions qui peuvent paraître choquantes.

Après les raisons développées par Montesquieu, est-il permis d'en ajouter quelques autres ?

Au motif moral qui, dans la crainte des séductions trop faciles, fait prohiber les unions entre personnes de même famille, quand elles passent leur vie ensemble, se joignent deux autres motifs d'histoire naturelle : la crainte des relations trop précoces, qui améneraient la dégénération de l'espèce ; et le désir du croisement des races, dont l'effet est reconnu salutaire.

Envisageant ensuite les unions une fois contractées, on sent que les conditions qui régiront leur durée et leur manière d'être dépendront évidemment aussi des considérations de climat et de politique, et que le mariage, comme tout autre contrat, est susceptible de diverses modifications, par exemple de celle de fidélité absolue, ou relative, ou de non fidélité.

Il en sera de même des autres cas de la chasteté,
Chez les peuples où les besoins de la vie feront
sentir la nécessité de l'accroissement de population , les lois devront exciter aux plaisirs de l'a-
mour, tolérer et même ordonner des actes qu'elles
puniraient dans d'autres circonstances. Aussi vit-on
dans les temps anciens, et voit-on aujourd'hui
même encore dans certains pays, les prostitutions
encouragées comme des actes politiques et religieux, et les dieux qui y président être l'objet d'un
culte, regardé comme aussi saint que les autres.

Mais les effets ne cessent pas toujours, ou mieux
cessent rarement , avec les causes qui les ont pro-
duits ; et d'autres causes viennent ensuite les maintenir , souvent à tort, et en faire des objets mé-
connaissables. C'est ainsi que la plupart des pré-
jugés ont eu originairement un but sage , et ont
été utiles dans leur naissance , avant de devenir in-
signifians , et souvent nuisibles , par leur trop grande
durée ou par leur trop grande extension.

Parmi ces causes qui maintiennent ou qui éten-
dent à tort les institutions, il faut mettre au premier
rang l'habitude et la religion ; *l'habitude* , qui veut
souvent que les choses soient encore par la seule raison qu'elles sont depuis long-temps, et qu'elles soient

pour un cas par la seule raison qu'elles sont pour un autre ; *la religion* qui , aidant d'abord la politique par la sanction qu'elle donne aux lois , l'entrave fréquemment dans la suite, soit, parce que, pour être quelque chose , la religion doit être invariable en ses ordres, tandis que les Etats ont besoin de changer les leurs suivant les circonstances ; soit parce qu'elle interprète mal , par un motif ou par un autre , l'esprit des dispositions politiques. C'est ce qu'on vit , par exemple, dans la religion chrétienne relativement aux degrés de *prohibitions* pour les alliances, l'église ayant , pendant un temps, appliqué aux parentés fictives des prohibitions qui ne concernaient d'abord que les parentés réelles : car l'on sait que, dans les premiers tems, les Chrétiens persécutés exigeaient, de peur de dénonciations, que les néophites fussent présentés par des personnes déjà éprouvées, qui les cautionnaient, ce qui fut l'origine de l'usage des parrains et des marraines aux baptêmes ; ces répondans devenaient les auteurs communs de la nouvelle vie spirituelle du baptisé, et en cette qualité étaient ainsi alliés entr'eux : or, comme cette alliance portait le même nom que l'alliance physique, celui de parenté, il n'en fallut pas davantage pour que l'Eglise réussit quand elle voulut lui attribuer les mêmes effets. C'était assez naturel, puisque ce sont souvent les mots, les signes des idées, plutôt que les idées elles-mêmes, qui gouvernent les actions des hommes.

TABLE DES MATIÈRES.

INTRODUCTION

A L'ETUDE PHILOSOPHIQUE DU DROIT.

TITRE PREMIER.

Objet du Droit et Principes fondamentaux de la Morale de raisonnement et du Droit général.

TITRE SIXIÈME.

Encouragemens et freins, récompenses et peines.

FIN DE LA TABLE.

ERRATA.

pag.	lig.	au lieu de	lisez
vj	12	des	les
x	23	porter	porter que
xj	15	des	de
xiv	4	pour	dans
xvij	20	pour la variation de la vérification	pour la vérification.
xlviij	8	Ils	les auteurs
lj	12	au	du
lxiv	8	soient	fussent
	23	acquiererait	acquerrait
7	14	admission. Nous	admission, nous
14	5	directes	directes,
	6	indirectes	indirectes,
25	16	état	état,
27	2	le remplir	remplir
28	17	Personnes	Personnes,
31	23	une	une,
34	2	s'en être emparé	s'être emparé d'une chose
35	13	à la	la
36	12	dernière	matière
46	11	impossible	inapplicable

pag.	lig.	*au lieu de*	*lisez*
49	9	§. 2, mais	§. 2. Mais,
51	14	mais si je veux	mais, pour
59	1	ces	nos
68	11	ces des	ces
77	21	s'oubliant	l'oubliant
79	5		§. 2.
80	23	d'obligations	d'obligation
102	10	aux	à
	11	aux	à
111	9	invasit,	invasit,....
121	4	Manières d'acquérir dites naturelles	Manières dites naturelles d'acquérir la propriété.
	15	donnaient	donnent
	18	transféraient	transfèrent
132	19	et loi 10 §. eod. tit. de Just. et Jur.	de Just. et Jur. §. 1. et l. 10 ff. eod. tit.
148	16	sexes.	sexes, etc.
159	18	encore moins	moins
164	16	frein	freins
166	14	à ceux de ses	à ses
177	1	le bien	du bien